Stressmanagement in der Apotheke

Gesund und zufrieden den Berufsalltag meistern

Tatiana Dikta

Stressmanagement in der Apotheke

Gesund und zufrieden den Berufsalltag meistern

Tatiana Dikta

Govi

ISBN 978-3-7741-1544-6 (eBook: ISBN 978-3-7741-1545-3)

Apothekerhaus, Eschborn, Carl-Mannich-Straße 26, 65760 Eschborn
avoxa.de, govi.de

Satz: Fotosatz Buck, Kumhausen/Hachelstuhl
Druck und Verarbeitung: Medienhaus Plump, Rheinbreitbach
Printed in Germany

Bibliografische Information der Deutschen Nationalbibliothek
Die Deutsche Nationalbibliothek verzeichnet diese Publikation in der Deutschen Nationalbibliografie; detaillierte bibliografische Daten sind im Internet über http://dnb.d-nb.de abrufbar.

Hinweis

Die überwiegende Verwendung der männlichen Form (z. B. Apotheker) geschieht ausschließlich aus Gründen der besseren Lesbarkeit und stellt keine Diskriminierung dar.

Inhaltsverzeichnis

Vorwort

„Was man zu verstehen gelernt hat, fürchtet man nicht mehr"
Marie Skłodowska-Curie

Ein Leben ohne Stress ist nicht möglich, denn Stress ist ein normaler Begleiter des Alltags. Wird der Stress allerdings als ein störender Dauerzustand wahrgenommen, wird er zum Problem und kann krank machen. Damit Stress nicht zur Belastung wird, müssen Stressoren erkannt und Strategien erlernt werden, die dabei helfen nicht dauernd „unter Strom" stehen zu müssen.

Viele Menschen suchen nach einer sofortigen und konkreten Lösung für ihre Probleme, interessieren sich nicht für Stresstheorien und wollen die Ursachen nicht erforschen. Theorien scheinen weit von der Praxis entfernt zu sein, dabei wissen wir Apothekenmitarbeiter am besten, dass nicht die Linderung der Symptome, sondern die Ergründung der Krankheitsursachen die effektivste Art der Behandlung ist: „Kausal und präventiv statt symptomatisch!" Das Bewusstsein für den richtigen Umgang mit Belastungen zu entwickeln, Bewältigungsstrategien zu beherrschen und die Gefahren zu kennen, ist deshalb primär das Ziel der psychologischen Stressseminare. Das professionelle Stressmanagement ist ein Teil des betrieblichen Gesundheitsmanagements (BGM) und ein unersetzlicher Grundbaustein des Qualitätsmanagements – denn nur gesunde Mitarbeiter sind auf Dauer in der Lage, die geforderte Qualität im Sinne der Kunden zu leisten.

Gesundheitsmanagement geht daher nicht nur die Mitarbeiter selbst an – es geht dabei nicht nur um ein besseres Wohlbefinden der Mitarbeiter, sondern auch um eine bessere Leistung des gesamten Teams. Und deshalb sind gleichermaßen sowohl die Mitarbeiter als auch die Arbeitgeber aktiv dazu aufgefordert, im Bereich Stressprävention mitzuwirken. Es reicht also nicht aus, dass Mitarbeiter in Stressmanagement-Seminaren Techniken und Strategien erlernen, wie sie mit dem beruflichen Stress umgehen können, wenn sich die Arbeitsumgebung nicht ändert. Langfristig müssen deshalb die Verhältnisse am Arbeitsplatz und das Verhalten der Mitarbeiter gesundheitsförderlich wirken, damit die Mitarbeiter gesund und die Apotheken als Arbeitsplätze attraktiv bleiben.

Ein professionelles Stressmanagement ist ein bunter Strauß an Strategien, die im Alltag bei Bedarf eingesetzt werden können und daher kann keine der hier vorgestellten Methoden die Beste, die Einzige und die Ultimative werden. In diesem Buch wird der Fokus primär auf den Stress im Berufsalltag gelegt und auf Themen, die noch selten im Zusammenhang mit Stresserleben und Stressmanagement im Apothekenalltag behandelt wurden. Die Empfehlungen stützen sich auf Erkenntnisse der Arbeits- und Organisationspsychologie und auf einer jahrelangen beruflichen Erfahrung aus den Bereichen der öffentlichen Apotheke, der Krankenhausapotheke und der PTA-Ausbildung. Mein herzlicher Dank für die Unterstützung und Begleitung dieses Buchprojektes gebührt an dieser Stelle Frau Dr. Anette Schenk, Frau Eda Der, Herrn Stefan Frie und meiner Familie.

Tatiana Dikta

Münster, im November 2020

1 (Kein) Stress in der Apotheke

Jeder von uns sammelt persönliche Erfahrungen und managt den beruflichen Stress mal besser, mal schlechter. Wir alle haben ein alltagspsychologisches Wissen, das uns weiterhilft, im Leben durchzukommen. Doch insbesondere in Lebenskrisen oder in Zeiten hoher Belastung reicht das eigene Repertoire an Strategien für das Stressmanagement häufig nicht aus.

Berufliche und familiäre Aufgaben, Mobbing, Krankheit, Prüfung, Verlust eines nahestehenden Menschen, Liebeskummer, aber auch die Änderung des Umfeldes etwa durch Umzug sind nur wenige Beispiele, die äußerst stressend und herzzerreißend sind. Negativer Stress erzeugt einen seelischen Schmerz, den wir am erfolgreichsten stillen können, wenn wir die Stressentstehung verstehen und seine Ursachen kennen. Seelischer Schmerz ist eine Art der Signalwirkung, die uns dazu bringt, etwas dagegen zu unternehmen.

Das, was viele Menschen umgangssprachlich als „Stress" bezeichnen, sind häufig kleine Alltagswidrigkeiten, sogenannte „daily hassles": Ein großes Arbeitspensum, neue Aufgaben, hohe Erwartungen, Lärm, Zeitdruck. Den größten Stress erzeugen allerdings Lebenskrisen und Situationen, die wir nicht beeinflussen können, sogenannte „major events". Solche Lebenskrisen treten jedoch nicht selten mit den „kleinen" Alltagswidrigkeiten zusammen auf, was eine enorme psychische Belastung darstellen kann. Doch egal wie schwer, und egal wie unvorstellbar es für uns ist: Auch damit müssen wir lernen aktiv umzugehen, nach vorne zu schauen und sich darüber erfreuen, dass unser Leben weitergeht.

Im Kontext des Stressmanagements ist es wichtig, lösungsorientiert statt problemorientiert vorzugehen, also sich auf den Ausbau der Schutzfaktoren und Ressourcen zu konzentrieren, anstatt auf das Problem selbst zu fokussieren. Denn: Ein und dasselbe Ereignis kann von unterschiedlichen Personen unterschiedlich belastend bewertet werden. Und in Anbetracht der unendlichen Zahl diverser Stressoren am Arbeitsplatz und im Privatleben ist es nicht möglich, universelle Empfehlungen auszusprechen. Das professionelle Stressmanagement bietet den Betroffenen stattdessen eine Vielzahl an Strategien, Impulsen und Techniken an, die die Handlungsfähigkeit erweitert und die Stressbewältigung ermöglicht.

Und im Idealfall sind diese Techniken nicht nur für die Arbeit in einer bestimmten Arbeitsumgebung nützlich – wie beispielsweise in einer Apotheke – sondern generell auch im privaten Leben oder aber auch in anderen beruflichen Kontexten. Doch auch die besten Stressmanagementstrategien funktionieren nicht, wenn Sie selbst passiv bleiben: Jede der Strategien beansprucht Zeit und Kraft, die Sie investieren müssen, wenn Sie den Stress erfolgreich managen wollen. Ob Sie sich nun kreativ betätigen, Sport treiben, sich mit Freunden treffen, sich und Ihre Arbeit besser organisieren wollen oder was auch immer Sie tun – all das nimmt Energie in Anspruch, doch diese Investition lohnt sich.

Arbeiten, ohne dabei Stress zu empfinden, gilt als attraktiv. Allerdings kann das, was für den einen Mitarbeiter attraktiv erscheint, für den anderen uninteressant sein. Stressempfindung ist individuell, dennoch gibt es einige Charakteristika, die die meisten Mitarbeiter mit einem attraktiven Arbeitsplatz assoziieren.

Prof. Dr. Daniela Lohaus (Hochschule Darmstadt) und Prof. Dr. Christian Rietz (Universität Köln) haben eine Metaanalyse von 37 Studien mit insgesamt mehr als 63.000 Befragten zum Thema „Arbeitgeberattraktivität" durchgeführt. In der Rangfolge der Attraktivitätsmerkmale stehen das Team und das Teamklima an erster Stelle, gefolgt von der Arbeitsaufgabe und der Work-Life-Balance. Die Höhe der Bezahlung ist also nicht der wichtigste Faktor für die Entscheidung, ein Stellenangebot anzunehmen.

Auch das äußere Erscheinungsbild der Apotheke ist nicht entscheidend. So kann sich eine fortschrittliche und innovative Apotheke als wenig attraktiver Arbeitsplatz erweisen, zum Beispiel wegen geringer Möglichkeiten zur Entfaltung der Persönlichkeit der Mitarbeiter, starrer Arbeitszeiten, steiler Hierarchien, wenig Handlungsspielraum und fehlender Anerkennung vom Arbeitgeber.

Ungestresste Mitarbeiter können den besten Service bieten

Mitarbeiterzufriedenheit ist kein selbstloses Motiv und dient nicht nur den Angestellten. Durch die Beziehung zwischen Mitarbeitern und Kunden können kostbare Geschäftsbeziehungen entstehen. Empathische, kompetente und zuverlässige Mitarbeiter stellen den grundlegenden Baustein dar, um das Vertrauen von Kunden zu gewinnen. Insofern lohnt es sich darauf zu achten, dass die Mitarbeiter zufrieden sind: Denn dann werden sie sich viel eher engagieren und mit der Apotheke in der Öffentlichkeit identifizieren und dadurch viel wahrscheinlicher die impliziten Erwartungen der Kundschaft erfüllen.

Sind die Mitarbeiter hingegen nicht mit ihrem Arbeitsplatz zufrieden, verringert das die Kundenbindung eventuell aus zwei Gründen: Zum einen, weil die Mitarbeiterleistungen die Kundenerwartungen nicht erfüllen. Und zum anderen, weil die negativen Mitarbeiteremotionen unbewusst auf die Kunden übertragen werden (sogenannte „emotionale Ansteckung"). Wenn das Personal ständig wechselt und andauernd neue Kräfte rekrutiert, einarbeitet und weitergebildet werden müssen, stresst das nicht nur das Team, sondern rüttelt auch am bereits gewonnenen Vertrauen des Kunden.

Mitarbeiter, die sich mit dem Arbeitsplatz nicht identifizieren können und mit der Gesamtsituation im Betrieb nicht zufrieden sind, können betriebswirtschaftlich betrachtet hohe Kosten verursachen. Unzufriedene Mitarbeiter lösen Stress im Team aus: Sie verhalten sich häufig gegenüber dem Arbeitgeber und Kollegen nicht loyal, fehlen ohne ersichtlichen Grund, werden krank oder kündigen. Geringe Arbeitsplatzzufriedenheit führt verstärkt dazu, dass der Betroffene nach einem alternativen Job sucht und seine zeitlichen und mentalen Ressourcen für die Suche aufbringt. Der formellen Kündigung geht häufig die innere Kündigung voraus, bei der der Mitarbeiter den Dienst nach Vorschrift erledigt, sich am Arbeitsplatz aber mit seinen Ideen nicht mehr einbringt oder eine qualitativ schlechte Arbeit leistet.

Probearbeiten: Den neuen Arbeitsplatz unter die Lupe nehmen

In einigen Apotheken besteht die Möglichkeit auf Probe zu arbeiten, bevor der Arbeitsvertrag unterschrieben wird. Bewerber sollen diese Chance für sich nutzen und sich die internen Abläufe soweit möglich genau anschauen.

Welche Kriterien für einen attraktiven Arbeitsplatz maßgeblich sein können, ist in Tabelle 1 zusammengestellt.

Kriterium	Leitfragen
Attraktive Arbeitszeiten & Arbeitsmodelle	Werden innovative Arbeitszeitmodelle, z. B. Gleitzeit, Homeoffice angeboten? Gibt es die Möglichkeit, Wunscharbeitszeiten, die an familiäre Verpflichtungen angepasst sind, flexibel einzurichten? Haben Angestellte die Möglichkeit, bei der Gestaltung der Arbeitszeiten mitzuwirken?
Ein attraktives Entgelt inklusive Sozialleistungen	Wird eine leistungsorientierte (ggf. übertarifliche) Vergütung, Sonderzahlung, Zusatzleistungen angeboten? Ist die Gehaltspolitik fair und transparent?
Mitgestaltungsmöglichkeit (Partizipation)	Dürfen sich alle Beschäftigten mit ihren Ideen beteiligen und Vorschläge einbringen? Ist ein Erfahrungsaustausch erwünscht? Besteht die Möglichkeit, diverse Kenntnisse und Qualifikationen am Arbeitsplatz einzubringen?
Gesundheitsförderung	Werden in der Apotheke Maßnahmen im Sinne des betrieblichen Gesundheitsmanagements (BGM) zur Erhaltung und Förderung der Gesundheit der Mitarbeiter angeboten? Ist der Arbeitsplatz gesundheitsförderlich und ergonomisch ausgestattet?
Personalentwicklung	Werden Weiterbildungsmaßnahmen angeboten und ein lernförderliches Arbeitsklima unterstützt? Finden Personalentwicklungsgespräche statt? Besteht die Möglichkeit des Einbringens neu erworbener Kenntnisse am Arbeitsplatz?
Flexibilität & Wandel	Ist das Team der Apotheke offen für Innovationen oder existieren starre und obsolete Richtlinien und Vorgaben?
Arbeitsorganisation	Ist der Informationsfluss strukturiert? Gibt es klare effiziente Anweisungen und abgesprochene Strukturen? Wird entsprechend der gesetzlichen Vorgaben und Verordnungen gehandelt?
Führung & Teamklima	Werden neue Mitarbeiter strukturiert eigearbeitet? Existieren steile Hierarchien? Ist das Arbeitsklima angenehm? Sind die Verantwortungsbereiche klar definiert und entsprechend Handlungsspielräume frei? Wird miteinander wertschätzend und anerkennend kommuniziert?
Identifikation mit dem Arbeitsplatz	Identifiziert sich das Team in der Öffentlichkeit mit der Apotheke? Sind die Mitarbeiter über soziale Netzwerke mit der Apotheke vernetzt?

Tabelle 1: Kriterien und Leitfragen für einen attraktiven Arbeitsplatz

1.1 Apotheke – The Best Place To Work?

Ein wichtiger Aspekt, um weniger Stress und Druck im Beruf zu empfinden, ist es, sich über die Vorteile der eigenen Tätigkeit bewusst zu werden, denn das stellt das Fundament des mentalen Stressmanagements dar. Viele Menschen neigen dazu, nur negative Seiten zu sehen und sind sich des eigenen Glücks gar nicht bewusst. Ebenfalls viel zu häufig werden Zeichen des Vertrauens und der Wertschätzung als Selbstverständlichkeiten abgetan. Dauernd unzufrieden und auf der Suche nach der großen beruflichen Erfüllung setzen sich viele Menschen selbst unter Stress. Und auch Apothekenmitarbeiter empfinden ihre Arbeit und den Berufsalltag nicht selten als stressig und sehnen sich nach einem ruhigen Arbeitsplatz.

Aber inwiefern kann eigentlich die Arbeit in der Apotheke Stress auslösen?

Kann die Apotheke als ein attraktiver und gesunder Arbeitsplatz betrachtet werden? Können Apothekenmitarbeiter mit ihrem Arbeitsplatz glücklich und zufrieden sein? Spielen Geld und die Höhe der Vergütung die wichtigste Rolle?

Hohes Gehalt und viel Geld können sicherlich „größere Sprünge" erlauben: Ein gutes Leben, ein schönes Haus, luxuriöse Waren und unbeschwertes Genießen. Für Geld kann man Vieles kaufen, allerdings nicht das Wichtigste: Gesundheit, Lebenszufriedenheit und wahre Freundschaften. Berufstätigkeit soll erfüllend sein und dazu gehört weit mehr als nur die Aufgabe und die Höhe der Vergütung.

Was motiviert zur Arbeit in der Apotheke?

Vom Prinzip her erfüllen die Apotheken alle arbeitspsychologischen Grundbedingungen eines motivationsförderlichen Arbeitsplatzes. Und das, obwohl die Arbeit in einer Apotheke nicht zu den bestbezahlten und stressärmsten Jobs gehört.

Eine Arbeitstätigkeit hat nämlich dann ein hohes Motivationspotenzial, wenn sie folgende Aspekte erfüllt: Vielfalt, Bedeutung, Autonomie, Ganzheitlichkeit und Rückmeldung [32]. Diese genannten Aspekte üben einen großen Einfluss auf die Motivation, das Erleben und Verhalten der Menschen aus.

Aufgabenvielfalt

Über den Mangel an Aufgabenvielfalt wird sich sicherlich kein Apothekenmitarbeiter beklagen: Beratung, Betreuung, Herstellung, Arbeitsorganisation, Telefonate, Bestellung, Dekoration und vieles mehr. Häufig wird sogar die Vielfalt an Aufgaben als potenzieller Stressor gesehen, der Multitasking erfordert. Doch dem ist nicht so. Eine Tätigkeit, bei der verschiedene Fähigkeiten und Fertigkeiten ins Spiel gebracht werden dürfen, motiviert wesentlich stärker als eine anforderungsarme Routinetätigkeit, die einer Fließarbeit ähnelt. Einseitige Routinetätigkeiten sind zwar für eine kurze Zeit entspannend und auch zur Abwechslung sehr willkommen, doch um in den Flow zu gleiten, brauchen wir auch Tätigkeiten, die uns unseren Begabungen entsprechend fordern.

Bedeutung der Aufgabe – „Systemrelevant"

Menschen, die sich beruflich gebraucht fühlen, erleben wesentlich weniger Stress und Angst, als solche, die möglicherweise um den eigenen Arbeitsplatz bangen müssen. Spätestens in den Zeiten der Corona-Krise haben Apothekenmitarbeiter die Relevanz und die Bedeutsamkeit der eigenen Tätigkeit in einem bisher nicht wahrgenommenen Ausmaß erfahren. Apothekenmitarbeiter erfüllen einen Versorgungsauftrag für die Gesellschaft, um das wichtigste Gut – die Gesundheit der Menschen – zu erhalten. Daran bestehen also auch keine Zweifel, dass auch dieses Kriterium – der Bedeutsamkeit der Tätigkeit – die Apotheke als Arbeitsplatz erfüllt.

Autonomie – erlebte Verantwortlichkeit

Autonomie und Freiheit bei der Erfüllung der Aufgaben müssen sich im Bereich des Machbaren und Erlaubten bewegen: Es gibt gesetzliche Vorgaben, die die Tätigkeiten in der Apotheke regeln und die beachtet werden müssen. Alle Aufgaben müssen nach den geltenden gesetzlichen Vorschriften erledigt werden. Autonomie bedeutet also nicht, dass die Kapseln in der Rezeptur nach eigener Methode der herstellenden PTA hergestellt werden dürfen, auch nicht, dass Rx-Medikamente ohne gültige Verschreibung abgegeben werden dürfen oder dass eine PTA eine Apotheke leiten darf.

Die geltenden Vorgaben und Gesetze unterstützen hervorragend die Autonomie, da sie klare und verbindliche Regeln vorschreiben und somit den möglichen Spielraum exakt definieren. So dürfen PTA eigenständig Rezepturarzneimittel herstellen, ohne dass der Apotheker dauernd dabei ist und ihnen auf die Finger schaut. Die Rezepturarzneimittel dürfen aber nur dann die Apotheke verlassen, wenn der Approbierte diese Zubereitungen freigibt. Auch die Abzeichungsbefugnis ermöglicht eine gewisse Autonomie und Freiheit im Bereich der Berufsausübung. Das Erteilen der Befugnis ist nicht zuletzt ein Zeichen des Vertrauens vonseiten des Apothekers.

In der Apotheke wird es also nicht vorkommen, dass eine PTA eine leitende Position hat und ein Approbierter unter ihrer Verantwortung arbeitet. In der Gesundheitsbranche sind wir also in der vorteilhaften Lage, dass der berufliche Abschluss die berufliche Hierarchie regelt. Auch wenn das Können und nicht das bescheinigte Wissen im Job wichtig sind, verhindert diese klare Regelung viele interpersonelle Konflikte und Konkurrenz am Arbeitsplatz.

Ganzheitlichkeit der Aufgabe und Feedback

In der Apotheke können Mitarbeiter viele Aufgaben vom Anfang bis zum Ende begleiten und fertigstellen: Sei es die Beratung eines Kunden oder die Herstellung eines Rezepturarzneimittels, die Verbuchung der Ware, die Planung der Aktionen. Im Gegensatz zu vielen anderen Tätigkeiten zum Beispiel im Büro, in der Werbebranche, in der Herstellung, Wissenschaft, Logistik, Entwicklung etc. sind Sie als Apothekenmitarbeiter nicht nur an einem Aspekt der Aufgabe beteiligt, sondern können Ihre Kunden vom Anfang bis zum Ende persönlich betreuen. Auch nicht unwesentlich ist das ehrliche und klare Feedback für die Erledigung der Aufgaben, denn die Apotheker oder PTA im Handverkauf erhalten dieses direkt vom Kunden und wissen wie ihre Beratung und Betreuung angekommen ist. Jeder einzelne Apothekenmitarbeiter ist somit nicht nur ein Glied in der Versorgungs- und Dienstleistungskette, sondern auch ein Dienstleister selbst. Und je ganzheitlicher und kompetenter Sie als Apotheker oder PTA beraten, desto höher ist die Wahrscheinlichkeit, auch positives Feedback von Kunden und dem Team zu erhalten.

1.2 Die Kehrseite der Medaille: Stress in der Apotheke

Trotz aller schönen Seiten ist die Arbeit in der Apotheke nicht selten sehr stressig. Nicht nur in Zeiten der extremen Herausforderung, sondern auch im Alltag, stehen wir Apothekenmitarbeiter sehr vielen Aufgaben und neuen Problemen gleichzeitig gegenüber.

Manchmal werden wir auch mit sehr traurigen Geschichten konfrontiert und müssen uns stark zusammenreißen, um nicht vor dem Kunden in Tränen auszubrechen. Das macht unseren Beruf aus, wir genießen das Vertrauen der Kunden, wir sind für sie da und nehmen uns die Zeit. Wir sind empathisch. Wir sind vor Ort. Auch nachts und am Wochenende. Eine Apotheke im engen Umkreis hält die Stellung: 24/7. Das ist das, was eine Vor-Ort-Apotheke ausmacht und von der Versandapotheke unterscheidet. Einige Faktoren am Arbeitsplatz wirken sich jedoch auf die Apothekenmitarbeiter belastend aus.

Ein Mitarbeiter ist häufig für viele Aufgaben gleichzeitig zuständig: die einfühlsame Beratung der Patienten und Kunden, die Bearbeitung der Sendung, das Annehmen eines Telefongesprächs oder die Vorbereitung einer Rezepturherstellung. Jede Aufgabe erfordert hohe Qualität und Fehler können sehr gefährliche Folgen haben.

In Abhängigkeit vom Standort der Apotheke können die psychischen Belastungen unterschiedlich ausgeprägt sein: Mitarbeiter einer Apotheke, die sich in der Nähe einer Kinderarztpraxis befindet, können mit anderen Belastungen und Herausforderungen konfrontiert werden als Mitarbeiter einer Krankenhausapotheke.

Zu den Stressoren in vielen Apotheken zählen etwa Aspekte wie:

- eingeschränkter Handlungsspielraum,
- kleine Teams, Unterbesetzung,
- Emotionsarbeit, mentale Belastung und Konflikte im Team,
- Multitasking, Unterbrechungen und Unvorhersehbarkeiten im Arbeitsalltag,
- stehende Tätigkeit und einseitige Belastung.

Eingeschränkter Handlungsspielraum: „Man darf allein nichts entscheiden!"
Eine gezielte Übertragung von Verantwortung für bestimmte Aufgabenbereiche auf den jeweiligen Mitarbeiter kann als Zeichen der Wertschätzung und Anerkennung gewertet werden und die Effizienz bei der Aufgabenerfüllung positiv beeinflussen.
Einige Befugnisse von Apothekenmitarbeitern sind jedoch in der jeweiligen Ausbildungs- bzw. Approbationsordnung vorgeschrieben und können nicht beliebig übertragen werden. Ein erweiterter und den Qualifikationen entsprechender Handlungsspielraum wirkt sich positiv auf das psychische Wohlbefinden der Mitarbeiter aus – Mitarbeiter, die selbst über die Art und Weise der Ausführung entscheiden dürfen, anstatt nach strikten Anweisungen arbeiten zu müssen, erleben ihre Arbeit selten als belastend. Die wahrgenommene Selbstbestimmung kann die Motivation der Mitarbeiter, sich zu engagieren, erhöhen und folglich zur erheblichen Leistungssteigerung des gesamten Teams führen.

TIPP FÜR DEN APOTHEKENALLTAG

Erhöhung der Motivation durch Mitgestaltung und Mitwirkung (Partizipation)
Der Handlungsspielraum darf zwar bei der Erledigung der pharmazeutischen Tätigkeiten oder bei der Abgabe der Arzneimittel nicht beliebig erweitert werden, dennoch gibt es auch im streng regulierten Apothekenalltag einige Möglichkeiten, sich kreativ einzubringen.

Ein Mitarbeiter, der sowohl bei der Planung eines Aktionstages als auch bei dem Aktionstag selbst seine eignen Ideen und Vorschläge verwirklichen darf, wird den Aktionstag eher als Herausforderung, und weniger als Belastung empfinden – vorausgesetzt, seine Ziele stimmen mit den betrieblichen Zielen überein.

Kleine Teams: „Man hat viel zu viele Aufgaben!"
Nach § 3 ApBetrO muss das pharmazeutische Personal in ausreichender Zahl vorhanden sein, um den ordnungsgemäßen Betrieb der Apotheke zu gewährleisten. Reichen die zeitlichen und die personellen Ressourcen nicht aus, um die anfallende Arbeit zu erledigen, werden die übertragenen Aufgaben entweder fehlerhaft oder gar nicht erledigt.

Nicht nur die psychische Gesundheit der Mitarbeiter, sondern auch die Kundenzufriedenheit und das Ansehen der Apotheke können dadurch gefährdet werden. Insbesondere in den Stoßzeiten, Ferienzeiten oder in Krankheitsfällen geraten die Mitarbeiter häufig unter Zeitdruck und müssen eventuell Überstunden leisten.

TIPP FÜR DEN APOTHEKENALLTAG

Entlastung durch Vertretungen und studentische Aushilfen
Ein Pool an Vertretungskräften, auf die der Apothekeninhaber zurückgreifen kann, entlastet und unterstützt in solchen hektischen Zeiten. Inzwischen bieten viele Apothekerkammern Stellenbörsen an, in denen sowohl Stellenangebote als auch Stellengesuche für Vertretungskräfte gesondert aufgelistet sind.

Warten Sie nicht auf den kritischen Zeitpunkt, sondern schauen Sie sich rechtzeitig nach Aushilfskräften um, die im Notfall kontaktiert werden können.

Greifen Sie für Hilfstätigkeiten (Telefondienst, Botendienst, Verbuchung und Einräumen der Ware, Betreuung der Social-Media-Kanäle, Konfektionierung und Etikettierung in der Rezeptur etc.) auf nicht-pharmazeutische Mitarbeiter zurück, z. B. auf ehemalige Famulanten und Praktikanten oder studentische Aushilfen (siehe auch Kapitel 4.2.2 Personalaufstockung & Outsourcing).

Emotionsarbeit: „Nach außen freundlich und innen kochen die Emotionen hoch!"
Gerade Angehörige der sozialen Berufe leisten eine sogenannte Emotionsarbeit, die als starker Belastungsfaktor angesehen wird. Emotionsarbeit wird als Management der eigenen Emotionen verstanden.

Für einen professionellen Auftritt dürfen die gefühlten Emotionen, wie beispielsweise Ärger, Trauer oder Abneigung gegenüber dem Kunden nicht gezeigt werden. Stattdessen wird Empathie und Verständnis für das Problem des Kunden abverlangt.

Die auf diese Weise erlebte Diskrepanz zwischen den tatsächlich erlebten und den gezeigten Emotionen wirkt sich bei schlechtem Betriebsklima und nicht ausgetragenen Konflikten im Team zusätzlich negativ auf das psychische Wohlbefinden der Mitarbeiter aus.

TIPP FÜR DEN APOTHEKENALLTAG

Kollegiale Unterstützung gegen starke psychische Belastung
Abhilfe schafft eine wahrgenommene kollegiale Unterstützung und die Möglichkeit, über die Emotionen offen und konstruktiv im Team sprechen zu können. Da die Emotionsarbeit als kundenorientierter Aspekt betrachtet wird und deshalb nicht eliminiert werden kann, sollten Mitarbeiter im Rahmen der Stresspräventionstrainings für Apothekenmitarbeiter verschiedene Techniken zum besseren Umgang mit dieser Belastung erlernen (siehe auch Kapitel 4.1 Mentale Stressbewältigung und Kapitel 5 Stressprävention in der Apotheke).

Multitasking: „Man wird dauernd unterbrochen!"

Unterbrechungen bei der Arbeit sind meistens mit einer zusätzlichen Aufgabe verbunden, die nicht nur die Aufmerksamkeit beeinträchtigt, sondern auch weitere Entscheidungen erfordert. Häufig werden Apothekenmitarbeiter durch eingehende Telefonate oder durch Nachfragen und die daraus folgende Unterstützung eines (neuen) Kollegen während der Arbeit unterbrochen. Insbesondere bei der Abgabe oder der Herstellung der Arzneimittel können Unterbrechungen erhebliche negative Folgen für den Kunden und daraus erfolgende rechtliche Folgen für die Apotheke mit sich tragen.

TIPP FÜR DEN APOTHEKENALLTAG

Arbeitsorganisation verbessert die Arbeitsqualität und mindert Stress
Arbeitsorganisatorische Maßnahmen wie zum Beispiel die Festlegung des Telefondienstes, ein rotierender Wechsel im Handverkauf oder die Ernennung eines Mentors zur Einarbeitung eines neuen Mitarbeiters ermöglichen eine störungsarme, effiziente und zielorientierte Arbeit und sind einfach zu implementieren (siehe auch Kapitel 4.2 Instrumentelle Stressbewältigung).

Generalistenanspruch

Apothekenmitarbeiter sind zu einer ausführlichen und fachlich korrekten Beratung zu jedem abgegebenen Arzneimittel verpflichtet. Die Themen, die im Rahmen einer Beratung in der Apotheke vorkommen können, sind allerdings äußerst vielfältig. Viele Themenbereiche aus dem Bereich Selbstmedikation sind andauernd gefragt und eine gute Beratung dazu ist selbstverständlich, sie stellt für die Apothekenmitarbeiter kein Problem dar. Aber es gibt auch Probleme und Krankheitsbilder, die sehr selten im Rahmen der Beratungsgespräche auftauchen, zu denen ebenfalls eine umfassende fachliche Beratung zu leisten ist – und das versetzt insbesondere Berufsanfänger in eine Art „Prüfungsstress".

TIPP FÜR DEN APOTHEKENALLTAG

Expertise erweitert das kollektive Wissen
Legen Sie den Generalistenanspruch ab und setzen Sie auf ein Expertenteam, indem Sie spezielle und selten vorkommende Themenbereiche in Ihrem Team aufteilen. Die so ernannten Spezialisten müssen sich auf ihrem Gebiet fortbilden und sollen ihr Wissen stets aktuell halten.

Spezialisten stehen nicht nur den Kunden beratend zur Seite, sondern auch den Teamkollegen. Zu den Aufgaben des Spezialisten gehört darüber hinaus auch zwingend die Ausarbeitung und Erstellung eines ausführlichen Beratungsleitfadens, auf den die anderen Mitarbeiter im Rahmen eines Beratungsgespräches jederzeit zurückgreifen können (siehe auch Kapitel 4.2.3 Personalentwicklung: Erweiterung von Kompetenzen).

Stehende Tätigkeit
Die Arbeit im Handverkauf (HV) und im Labor ist die Hauptaufgabe der pharmazeutischen Mitarbeiter. Automatisierte Prozesse beispielsweise bei der Verblisterung, Herstellung der Arzneimittel in der Rezeptur, Verbuchung und Verräumung der Ware, Prüfung der Substanzen im Labor oder auch der Einsatz der Kommissionierer erleichtern und standardisieren viele Prozesse und wirken sich positiv auf die Qualität der Apothekenleistung aus. Die Effizienz der Arbeit ist nicht zu leugnen. Doch es gibt auch eine „Schattenseite" der Automatisierung: Kommissionierer können beispielsweise die Arbeit in der Apotheke und die Lagerpflege sehr einfach gestalten, sie begünstigen aber auch eine einseitige Körperbelastung und führen dazu, dass sich die Arbeit in der Apotheke zu einer stehenden beziehungsweise bewegungsarmen Tätigkeit entwickelt.

Insofern können nicht nur kognitive Tätigkeiten, mentale Anforderungen und Emotionsarbeit psychisch belasten und stressen, sondern auch weitere Faktoren wie:

- Physikalische und chemische Faktoren (unzureichende Beleuchtung, unangenehme Raumtemperatur, Gefahrstoffe),
- physische Faktoren (ungünstige ergonomische Gestaltung, enge Räume, zugestellte Wege, stehende Tätigkeit, schwere körperliche Arbeit),
- Arbeitsplatz- und Informationsgestaltung, defekte oder unvollständige Arbeitsplatzausstattung, unzureichende Einweisung in die verwendete Software).

Ungünstige physische Arbeitsbedingungen können die Zufriedenheit und Leistungsfähigkeit der Beschäftigten massiv beeinträchtigen und sich in Form von Ermüdung, schlechter Arbeitsqualität, Aggressivität und mangelnder Konzentrationsfähigkeit äußern [38].

Stehende und körperlich belastende Tätigkeiten können demnach nicht nur zu Kopf-, Rücken- und Nackenschmerzen oder Kreislaufbeschwerden führen, sondern mitunter auch zu psychischen Erschöpfungssymptomen wie einem Burnout.

TIPP FÜR DEN APOTHEKENALLTAG

Entlastung durch eine ergonomische Ausstattung des Arbeitsplatzes
Eine Umstrukturierung des Arbeitsplatzes in Richtung Mischarbeit, welche sowohl stehende, sitzende und gehende Körperhaltungen ermöglichen kann, sollte das Ziel der Umstrukturierungsmaßnahmen sein.

Organisatorische Maßnahmen (wie zum Beispiel ein rotierender Einsatz der Mitarbeiter im HV) sowie die Ausstattung des Arbeitsplatzes mit entsprechenden Stehhilfen, dämmenden Bodenbelägen, oder entsprechender Arbeitskleidung stellen Beispiele für gesundheitsförderliche Interventionen dar.

Sprechen Sie sich deshalb im Team fair ab, wer welche Aufgaben und für wie lange übernimmt.

Aber auch weitere Stressoren können die Apothekenmitarbeiter belasten, dazu zählen Aspekte wie:

- neue Herausforderungen und neue gesetzliche Bestimmungen,
- fehlende Kompetenzen und unzureichende Informationen,
- hohe Verantwortung und ernste Konsequenzen für Fehler.

Gestresste Mitarbeiter sind eine schlechte Werbung
Psychisch belastete Mitarbeiter sind eine schlechte Werbung für die Apotheke.

Emotionen sind bekanntlich ansteckend. Unzufriedene, unmotivierte und psychisch belastete Mitarbeiter können ihre negativen Einstellungen nicht nur auf die Kollegen, sondern auch auf die Kunden ausstrahlen. Die Implementierung der gesundheitsförderlichen Maßnahmen stellt deshalb eine Win-Win-Situation für das ganze Team dar: Die Maßnahmen verbessern die psychische Gesundheit und wirken direkt den Fehlzeiten, organisatorischen Problemen und Kündigungsabsichten entgegen. Indirekt verbessern sie das Image der Apotheke und geben den notwendigen Raum für Kundenorientierung frei [12, 13].

Nicht jedes der aufgeführten Beispiele trifft auf jede Apotheke zu. Eine präventive Implementierung entsprechender Maßnahmen wirkt dem arbeitsplatzbezogenen Stress bei Mitarbeitern entgegen. Wie die Belastung diagnostiziert werden kann und welche Maßnahmen sich in den Apothekenalltag integrieren lassen, erfahren Sie im Kapitel 5.3 Wie sich das Stresslevel bei Mitarbeitern diagnostizieren lässt.

1.3 Stress durch Konkurrenz am Arbeitsplatz

Der soziale Vergleich ist uns in die Kinderschuhe gelegt worden: Schon im Kindergartenalter vergleichen sich Kinder mit ihren kleinen Freunden und lernen dabei auf diese Weise Erfolge zu genießen und Misserfolge zu verarbeiten. Konkurrenz inspiriert und motiviert uns dazu, Neues auszuprobieren, unsere Grenzen zu testen und unser Selbstvertrauen zu stärken, wenn die Anstrengung zum Erfolg geführt hat.

Konkurrenz soll keinen Stress erzeugen

Wir können unseren Konkurrenten nacheifern, sie mental ausblenden oder uns an ihnen messen, doch eins ist sicher: Wir alle sind von Konkurrenz umgeben und sollten ihr deshalb gelassen begegnen, statt sie zu fürchten. Konkurrenz und Wettbewerb ist unbestritten der erfolgreiche Motivator für unsere berufliche und persönliche Entwicklung. Es liegt in der Hand eines jeden Einzelnen, ob man die Mitstreiter als eine kostbare Ressource oder als einen bedrohlichen Stressor wahrnimmt.

Konkurrenzkampf entsteht, wenn Mitarbeiter den Verlust der eigenen Position befürchten: Ein Kollege, der über eine bessere Qualifikation oder andere Vorzüge verfügt, erscheint plötzlich als Gegner. Unfaire Verhaltensweisen gegenüber dem Mitarbeiter, wie das Vorenthalten von wichtigen Informationen, Neid, das Verbreiten von Gerüchten oder die Zuschreibung der Fehler, all das soll dazu dienen, den aktuellen Status, um jeden Preis zu schützen. Potenziert wird der Konkurrenzkampf, wenn die Mitarbeiter eine Ungleichbehandlung wahrnehmen. Doch „der Zweck heiligt nicht die Mittel", auch nicht beim Kampf um die Erhaltung des beruflichen Ansehens und folglich auch des Arbeitsplatzes. Frauen konkurrieren übrigens anders als Männer: Männer kämpfen offensichtlich auf Sachebene, Frauen dagegen mit verdeckten „Waffen" mit stillen Intrigen und Mobbing auf der emotionalen Ebene [56].

Wer fürchtet die Konkurrenz?

Pharmazie entwickelt sich, wie jede Wissenschaft, stetig. Machen Sie sich deshalb klar, dass Fortbildung und Weiterbildung in pharmazeutischen Berufen keine Kür, sondern eine Pflicht sind: Ein Kollege, der über weitere Qualifikationen verfügt und gerne auf der beruflichen „Überholspur" fährt, wird sicherlich der Dynamik der beruflichen Welt gelassen entgegen sehen und den eigenen Konkurrenten mit Wertschätzung begegnen. Diejenigen Mitarbeiter nämlich, die bei sich eine stetige individuelle Entwicklung wahrnehmen, fürchten weniger ihre Konkurrenz als solche, die sich auf den „Lorbeeren der frühen Tage" ausruhen mögen.

Bedenken Sie, dass für Spannungen und Stress im Team nicht nur fachliche, demografische oder kulturelle Differenzen verantwortlich sind, sondern gleichermaßen die weitgehend kulturübergreifenden und zeitlich stabilen fünf Hauptfaktoren der Persönlichkeit, die sogenannten „Big Five": Extraversion, Verträglichkeit, Offenheit, Gewissenhaftigkeit und Neurotizismus. Diese Persönlichkeitsfaktoren üben sowohl einen Einfluss auf das Stresserleben, als auch auf das Konfliktverhalten aus.

EXKURS

Big Five: Was sind die Hauptfaktoren der Persönlichkeit?

Extraversion: Geselligkeit, Ungehemmtheit, Aktivität;
Verträglichkeit: Freundlichkeit, Hilfsbereitschaft, Wärme im Umgang mit Anderen;
Offenheit für Erfahrungen: Intellektuelle Neugier, Gefühl für Kunst & Kreativität;
Gewissenhaftigkeit: Ordentlichkeit, Beharrlichkeit und Zuverlässigkeit;
Neurotizismus: Nervosität, Ängstlichkeit und Gefühlsschwankungen.

Quelle: [3]

Mentaler Stress, wenn das Lob ausbleibt…

Lob als eine Form der Anerkennung und Wertschätzung wird gerne empfangen, doch je häufiger gelobt wird, desto weniger wertvoll und mehr selbstverständlich erscheint es. Eine subjektiv empfundene Diskrepanz zwischen selbst empfangenem Lob und dem Lob, das ein Kollege für seine Arbeit erhält, kann das Konkurrenzdenken verschärfen, wenn es als ungerecht empfunden wird. Ähnliches gilt übrigens für Boni oder andere Formen der Extravergütung. Eine transparente und nachvollziehbare Vergütungspolitik sowie eine faire Behandlung und Wertschätzung gegenüber dem gesamten Team können die „Ellenbogenmentalität" im Team im Keim ersticken. Besonders hartnäckig um ihre Position kämpfende Kollegen können allerdings zum Problem werden, häufig stecken allerdings hinter solchen Verhaltensweisen persönliche Gründe.

Einigen Menschen fällt es sehr schwer, Andere zu loben und Komplimente zu verteilen. Dabei ist es eine persönliche Wohltat, jemandem ein ehrliches Lob zu geben und die Zuneigung auszudrücken und es macht wesentlich mehr Spaß als Komplimente zu erhalten. Lob ist hilfreicher als Kritik, denn auf diese Weise drücken wir dem anderen Menschen aus, was wir an ihm schätzen und was uns wichtig ist. Insofern ist es durch Komplimente auch möglich, einen impliziten Wunsch oder sogar eine Art konstruktive Kritik zu äußern. Lob und Komplimente sind daher bei den meisten Menschen ein Türöffner.

Allerdings muss ein ehrliches Kompliment für die Situation angemessen sein: Es gibt Tabu-Themen am Arbeitsplatz, die ganz gewiss dieses Kriterium nicht erfüllen. Sexistische und zweideutige Komplimente haben keinen Platz im beruflichen Kontext.

Auch bei Komplimenten macht „allein die Dosis das Gift": Dauerhaftes und übertriebenes Loben kann nämlich sowohl für die anderen Anwesenden als auch für die Person an, die das Kompliment gerichtet ist, störend sein.

TIPP FÜR DEN APOTHEKENALLTAG

Lob schenken, anstatt auf das Lob zu warten

Wer Respekt, Wertschätzung, Anerkennung und Lob erwartet, muss also auch bereit sein, dies anderen Menschen zu schenken.

Das gilt nicht nur in Richtung Kollegen und Kolleginnen, sondern auch in Richtung des Vorgesetzten und der höher gestellten Kollegen: Auch sie empfangen gerne eine ehrliche Wertschätzung und positives Feedback aus dem Team.

In einer wertschätzenden Zusammenarbeit steht nicht der Rang, Status oder die Macht im Vordergrund, sondern die Sache und die Aufgabe selbst.

Konkurrenzdenken führt zum irrationalen und aggressiven Verhalten: In einem Team sind Neid, Eifersucht und Egoismus große Stressoren und Ursachen für Konflikte, Diskriminierung, Meinungsverschiedenheiten und Mobbing. Demgegenüber bieten Lob, Anerkennung, Ermutigung und konstruktive Kritik einen perfekten Rahmen für eine langandauernde und für alle Seiten zufriedenstellende und stressfreie Zusammenarbeit.

1.4 Stress durch kulturelle Unterschiede?

Menschen, die ihr Land verlassen und nach Deutschland kommen, um hier zu leben, fangen ganz neu und von vorne an. Nicht nur Sprachprobleme stellen eine Hürde dar, sondern auch Einsamkeit, Ungewissheit, finanzielle Probleme und die Konfrontation mit einer völlig neuen Kultur sind große Stressoren für Alle, die aus dem Ausland nach Deutschland kommen.

Damit eine interkulturelle Zusammenarbeit nicht zu einer Belastung für beide Seiten wird, sind gegenseitiges Entgegenkommen, Empathie und Akzeptanz wichtig. Diskriminierung, Stereotypisierung und Abwertung der Menschen mit Migrationshintergrund ist demgegenüber unmenschlich, unfair und unkollegial.

Einfach ist diese Aufgabe nicht, denn manchmal geschehen Ungleichbehandlungen unbewusst. Die Erfahrungen von sozialer Diskriminierung gehen jedoch an den Diskriminierten nicht spurlos vorbei. Sie können sehr stressig und verletzend für sie sein. Das Verhalten, das Andere dann nun als verschlossen oder sogar aggressiv wahrnehmen, ist häufig nur ein Schutzschild vor einer weiteren Verletzung. Auch erleiden Menschen, die Diskriminierungserfahrungen gemacht haben, häufig psychische Erkrankungen, wie Studien zeigen.

Das ist nur ein kleiner Ausschnitt dieser Problematik, die letztendlich bei allen Beteiligten, sei es am Arbeitsplatz oder in der Ausbildung, zu Stress führen kann [7].

Was können Sie tun, damit Ihre Kollegen, Kunden, Mitschüler mit Migrationshintergrund weniger Stress empfinden und die Zusammenarbeit gut funktioniert?

- Lassen Sie keine Diskriminierung zu, wenn Sie Zeuge einer solchen Behandlung am Arbeitsplatz, Schule und im Privatleben werden! Zeigen Sie sich empathisch und stellen Sie sich vor, wie es Ihnen gehen würde, wenn Sie aufgrund Ihres Aussehens oder Ihres Akzentes im Ausland schlecht behandelt würden. Leisten Sie den Betroffenen Beistand!
- Bedenken Sie, dass Sprachkompetenz und gute Sprachkenntnisse zwar notwendig sind, aber bei weitem nicht hinreichend, um als Migrant keinen Stress zu empfinden.
- Berücksichtigen Sie auch andere Stressoren, denen Menschen mit Migrationshintergrund zusätzlich zu den „normalen" Stressoren ausgesetzt sind: Traumatische Ereignisse, das Problem der Identitätsfindung und der Zugehörigkeit, fehlender Freundes- und Familienkreis und kein stabiles Netzwerk, schlechte Wohnverhältnisse, Unsicherheit und Sorge vor Abgeschobensein, finanzielle Schwierigkeiten, wahrgenommene Diskriminierung und Angst u. v. m.
- Unterstützen Sie Ihre Kollegen oder Mitschüler, die aus dem Ausland kommen, denn das wirkt sich nicht nur positiv auf ihre Integration aus, sondern auch auf Ihr Wohlbefinden: Menschen, die Anderen helfen, fühlen sich gebraucht, empfangen Dankbarkeit und erleben dadurch weniger Stress.

Die Muttersprache ist mehr als ein Kommunikationsmedium: Sie spiegelt die jeweilige Kultur wider, beeinflusst subtil unsere Emotionen und erzeugt intuitiv ein Zusammengehörigkeitsgefühl sowie gegenseitiges Vertrauen. Ein multilinguales Team stellt deshalb eine Möglichkeit dar, sich von der Konkurrenz abzugrenzen: Nehmen Sie deshalb die Muttersprache Ihrer Mitarbeiter mit in Ihr Leistungsspektrum auf, um neue Stammkunden zu gewinnen und zu binden.

TIPP FÜR DEN APOTHEKENALLTAG
INTEGRATION DURCH NUTZUNG DER POTENZIALE

Weniger Stress durch Integration und Partizipation
Selbst wenn die deutsche Sprache keine Barriere darstellt, sind für ausländische Kunden die eigenen Landsleute ein Teil ihrer Heimat. Veranstalten Sie zusammen mit Ihren „Native Speakers" Informationsabende zu aktuellen Gesundheitsthemen für Ihre fremdsprachigen Kunden. Auf diese Weise binden Sie Ihre Kollegen in Projekte mit ein und machen Sie zu einem unersetzlichen Teil Ihres Teams [73].

1.5 Stress im altersgemischten Team?

Alter kann unterschiedlich definiert werden. Auf dem Arbeitsmarkt gelten je nach Branche, Tätigkeit oder Aufgabe bereits 35-Jährige als „zu alt". Sicherlich gibt es insbesondere in den sich sehr schnell entwickelnden IT-Bereichen eine große Nachfrage nach Mitarbeitern, die die neueste Technik beherrschen und daran anknüpfende Innovationen und Ideen einbringen können. Auch in der Werbe-, Mode- oder Kosmetikbranche werden insbesondere junge und hübsche Models sicherlich am einfachsten zum Verkauf der Marke „verhelfen" und daher besonders gefragt. Doch es gibt eine ganze Menge Bereiche, bei denen nicht die neueste technische Entwicklung oder ein durchtrainierter Körper zählen, sondern umfangreiches Fachwissen, soziale Kompetenz und Erfahrung. Und ganz gewiss kommt es in den pharmazeutischen Berufen nicht erstrangig auf körperliche Attribute, sondern auf umfangreiches Fachwissen, gute Beratung und soziale Kompetenzen an (siehe Tabelle 2).

„Junge Menschen sind flexibel, ältere gehen besser mit Stress um"
Junge Menschen gelten im beruflichen Leben häufig als flexibler als Mitarbeiter, die Familie und Kinder haben. Doch diese Flexibilität betrifft nicht nur die zeitliche Komponente: Junge Menschen sind noch auf der Suche nach der eigenen beruflichen und persönlichen Identität, die Anstellung in einem Betrieb sehen sie häufig als eine Station von vielen in ihrem Lebenslauf. Häufig sind sie bereit wegen einer Beziehung in eine andere Stadt zu ziehen oder eine neue Ausbildung in Angriff zu nehmen. Bei weiblichen jungen Mitarbeitern kommt früher oder später der Wunsch eine Familie zu gründen und sich den Kindern zu widmen. Junge Menschen sind aber Neuigkeiten gegenüber sehr offen, „Digital Natives" haben die mediale Kompetenz „über die Muttermilch" aufgenommen. Sie können die häufig skeptischen älteren Kollegen mit der medialen Begeisterung anstecken. Es ist daher ratsam, auch aus diesem Grund auf ein altersgemischtes Team zu setzen, ohne Präferenzen, vermeintliche finanzielle Gründe oder Vorbehalte bestimmten Altersgruppen gegenüber.

Tendenz	Eigenschaften
Abnehmend	Schnelligkeit, Kraft, Ausdauer, Koordination, Seh- und Hörleistung, Beweglichkeit der Gelenke, fluide Intelligenz (abnehmend ab dem 20. Lebensjahr)
Gleichbleibend	Problemlösungskompetenz, Entscheidungsfähigkeit, Leistung- und Zielorientierung, Kreativität
Zunehmend	Lebens- und Berufserfahrung, fach- und betriebsspezifisches Wissen, Empathie- und Urteilsfähigkeit, Hilfsbereitschaft, Selbsteinschätzung, Perspektivenwechsel, strategisches Denken, Emotionsmanagement, Zuverlässigkeit, Geduld, Gelassenheit, kristalline und emotionale Intelligenz

Tabelle 2: Fähigkeiten, die durch das Alter beeinflusst werden (nach [34])

Stressfaktor: Altersdiskriminierung

Sensibilisieren Sie Ihre älteren Mitarbeiter für das Thema „heutige Jugend". Häufig werden negative Äußerungen über junge Leute unter „reifen" Kollegen oder am HV mit Kunden ausgesprochen (womöglich noch in Anwesenheit einer jungen Person). Das Stereotyp ist allgegenwärtig: „Junge Menschen sind nur in der medialen Welt unterwegs, haben keine realen Freunde, bewegen sich wenig und essen nur Fastfood", doch diese sind ebenso falsch wie die gut bekannten Altersstereotypen „Häufig krank, miesgelaunt und in der medialen Welt verloren". Es ist daher paradox, sich über junge Menschen zu beklagen und zeitgleich gegen die Diskriminierung aufgrund des Alters anzugehen und Respekt zu erwarten.

Junge Menschen verdienen genauso viel Respekt wie Ältere. Unterbinden Sie deshalb stereotypische Bemerkungen über die „heutige Jugend" und fördern Sie in Ihrem Team die gegenseitige Wertschätzung von Jung und Alt. „Altersdiskriminierung" trifft nämlich nicht nur die Älteren, sondern auch die Jüngeren: Ältere behalten sich häufig implizit vor, mehr Rechte und Entscheidungsbefugnisse zu haben als die unerfahrenen Jüngeren. Dieser sogenannte „Adultismus" ist in unserer Gesellschaft so fest verankert, dass er fast als „normal" gilt und kaum thematisiert wird.

TIPP FÜR DEN APOTHEKENALLTAG
LASSEN SIE KEINE STEREOTYPISIERUNG ZU

Körpersprache, Farbenlehre, Typisierungen & Co.

Die Annahme, dass die Körpersprache, Äußerlichkeiten, Alter etc. gültige Informationen über die Persönlichkeit liefern, ist im Alltag leider sehr tief verwurzelt. Aber Äußerlichkeiten spiegeln zum Teil nur gesellschaftliche Konventionen wider, sie können gesteuert, trainiert und beeinflusst werden. Mit wissenschaftlicher Psychologie hat es deswegen wenig gemein, wenn man verschränkte Arme, einen ausweichenden Blick, Kleidungsstil, Gestik oder Mimik zu deuten versucht. Auch von Typologisierungen der Menschen nach deren Blickrichtung oder nach vier emotionalen Reaktionsmustern („Farben-Lehre") rät der Wirtschaftspsychologe Prof. Kanning ab. Denn hierdurch werden Menschen in „Schubladen gesteckt", Vorurteilen und Diskriminierungen die Wege gebahnt. Derartige Stereotypisierungen zeugen nicht von Menschenkenntnis und dürfen deshalb keinen ernsthaften Raum im Personalwesen oder bei der Kundenansprache beanspruchen.

Quelle: [30]

1.6 Stress nach einer Kündigung

Eine Kündigung ist eine drastische Lösung eines Problems am Arbeitsplatz und häufig das endgültige Ende einer beruflichen Beziehung. Zwar sollten in der Regel beide Parteien halbwegs in Frieden auseinander gehen, doch das gelingt nicht immer: Mitarbeiter, die unerwartet kündigen, werden häufig in der verbleibenden Zeit im Betrieb nicht mehr von den Vorgesetzten und von den Kollegen wahrgenommen, schlecht behandelt und ignoriert. Ist dies der Fall, ist es die beste Bestätigung dafür, dass die Entscheidung zu gehen richtig war. Ein Arbeitgeber, der scheidende Mitarbeiter auf diese Weise bestraft, stellt sich selbst ein schlechtes Zeugnis aus.

Wenn man sich trennt, gibt es Gründe dafür und in den meisten Fällen ist dieser Schritt ein gut überlegter: Unzufriedenheit, ungerechte Behandlung, Mobbing, Bossing, mangelnde Anerkennung, destruktive Kritik oder keine Entwicklungsmöglichkeiten – das sind die häufigsten Ursachen für eine Kündigung.

Doch mit einer Kündigung und dem Arbeitsplatzwechsel lösen sich nicht immer alle beruflichen Probleme auf und nicht selten wird man mit den gleichen oder auch anderen zusätzlichen Problemen beim neuen Arbeitgeber konfrontiert.

Was nun, wenn man feststellt, dass der alte Arbeitsplatz doch das kleinere Übel war und man sich im Nachhinein nach dem alten Team sehnt? Ist eine Rückkehr zum alten Arbeitgeber eine Option?

Zurück zum alten Arbeitgeber?

Häufig verlaufen berufliche Trennungen im Guten: Der Arbeitgeber lässt dem geschätzten Mitarbeiter die Tür offen und zeigt sich bereit, die Zusammenarbeit fortzusetzen.

Es ist in großen Unternehmen keine Seltenheit, dass Mitarbeiter, die einen Betrieb verlassen haben, auch wieder zurückkommen und in einer neuen Position ihre Arbeit fortsetzen. Apotheken sind allerdings vergleichsweise kleine und konservative Betriebe – die Wahrscheinlichkeit, dass der Mitarbeiter in einer völlig neuen Abteilung arbeiten wird, ist recht gering.

Und damit die Rückkehr nicht zu einer tickenden Zeitbombe wird und zum erneuten Fiasko führt, sollte man sich diesen Schritt gründlich überlegen.

Eine Rückkehr ergibt deshalb nur dann einen Sinn, wenn sich am Arbeitsplatz entscheidend etwas geändert hat: Ein neuer Chef oder neue Filialleitung, eine andere Organisationsstruktur, eine Chance auf Entwicklung und Beförderung, eine Verbesserung der Rahmenbedingungen (Stundenzahl, bessere Bezahlung, andere Aufgaben als bisher).

Ebenfalls muss man sich der Tatsache im Klaren sein, dass sich das Team in der Zeit Ihrer Abwesenheit möglicherweise weiter – und nicht immer zum Besseren – entwickelt hat.

War früher alles besser?

Wenn Sie mit dem Gedanken spielen, Ihren aktuellen Arbeitsplatz zu kündigen und zu Ihrer alten Arbeitsstelle zurückzukehren, sollten Sie sich im Klaren sein, dass eine gute Vergangenheit keine Garantie für eine gelungene Zukunft ist.

Bevor Sie den Schritt zurück wagen, denken Sie gründlich nach:

- War in der alten Apotheke wirklich alles so toll, wie Sie es sich gerade ausmalen?
- Was war gut und was schlecht?
- Was hat sich seit dieser Zeit geändert?
- Wollen Sie nur deshalb zu Ihrem alten Arbeitgeber, weil Sie derzeit keine Alternative haben?
- Was sind Ihre beruflichen Ziele und wie wahrscheinlich sind neue Probleme, wenn Sie diese nicht verwirklichen können?
- Und vor allem: Was war der Hauptgrund Ihrer Kündigung? Gehört dieses Problem inzwischen der Vergangenheit an?

Werden Sie ehrlich bei der Beantwortung der Fragen, beschönigen Sie nichts, denn ansonsten werden Sie möglicherweise früher oder später frustriert vor demselben Problem stehen wie zum Zeitpunkt Ihrer ursprünglichen Kündigung.

Wenn Sie den Eindruck haben, dass die Rückkehr für Sie nur ein Kompromiss auf Zeit ist, bis sich etwas Besseres ergibt, lohnt sich eine Rückkehr zum alten Arbeitgeber in den wenigsten Fällen: Der alte Stress kommt wie ein Bumerang zurück! Werden Sie bereit, neue Erfahrungen an einem weiteren Arbeitsplatz zu machen und Ihre alte Arbeitsstelle in einer guten Erinnerung zu behalten.

2 LOVE – (m)ein Antistressmodell

Es gibt Menschen, die unglaublich viel auf die Beine stellen und dabei ungestresst wirken können. Sie fallen, sie stehen auf und fühlen sich stärker als je zuvor. Es sind nicht auserwählte Glückskinder der Welt, denen alles geschenkt wird, denn nicht selten sind es Menschen, die alles verloren haben, die eine schwere Krankheit überstanden haben oder die sich einer mehrfachen Belastung im Leben aussetzen mussten. Und dennoch schaffen sie es, eine positive Einstellung zum Leben zu haben und können sich über Kleinigkeiten des Lebens begeistern.

Nicht nur der berufliche Erfolg darf über die eigene Zufriedenheit und die Lebensqualität entscheiden, denn zum Leben gehört weit mehr als nur der eigene Beruf. Dennoch ist der Beruf ein wichtiger Teil der Identität, etwas also, was einen Menschen ausmacht und formt – etwas, das die Stimmung und das Verhalten der Menschen wesentlich beeinflusst.

Wie kann der Beruf oder der Job einen positiven Effekt ausüben und Zufriedenheit stiften, wenn sich der Mensch dauernd gestresst fühlt? Was wirkt sich positiv auf das Erleben, auf die Stimmung und auf das Verhalten aus?

Goethes bekanntes Zitat „Lieben belebt!" hat auch im beruflichen Kontext eine Bedeutung. Und auch wenn etwas gewagt gesagt: Die Liebe zum Beruf kann den Stress des Alltags wieder gut machen.

Wir können und müssen nicht alles lieben, was wir tun, um es gut und ungestresst machen zu können, denn nicht nur starke Emotionen, sondern auch viele andere Motive können uns dazu bringen, sich sehr stark in einer Sache engagieren zu wollen. Allerdings sind tatsächlich positive Emotionen die stärksten Motivatoren, um das Beste von sich zu geben.

LOVE: Leidenschaft, **O**ptimismus, **V**ertrauen und **E**motionen sind leitende Aspekte, die uns erlauben, weniger Stress zu empfinden. Auch in der stärksten persönlichen Krise, auch wenn wir denken, dass es nicht mehr gehen kann, sind diese vier Aspekte unsere stärksten Treiber, die eine neue Hoffnung aufleben lassen.

2.1 L wie Leidenschaft

Unsere berufliche Tätigkeit ist mehr als nur unser „Broterwerb". Wir arbeiten nicht nur des Geldes wegen, auch wenn sich viele der Apothekenmitarbeiter zu Recht ein deutlich besseres Gehalt für diese verantwortungsvolle Arbeit wünschen und dies auch verdienen würden. Eine knappe Bezahlung für eine Arbeit, die uns nicht liegt – das reicht in seltenen Fällen aus, um dauerhaft die berufliche Erfüllung zu finden.

Jeder von uns, der schon in einem Job mit einer sehr guten Bezahlung unglücklich war und den Job mit einer hohen und angesehenen Position freiwillig aufgegeben hat, bestätigt die Aussage, dass *„Geld allein nicht glücklich macht"*.

Auf Dauer ist ausschließlich das hohe Gehalt kein guter Motivator: Die Motivation im Beruf, die uns an besseren und schlechteren Tagen begleitet, können wir aus der Leidenschaft zum Beruf schöpfen.

DEFINITION

Was ist Leidenschaft?
Leidenschaft beschreibt große Begeisterung, ausgeprägte [auf Genuss ausgerichtete] Neigung, Passion für etwas, was man sich immer wieder zu verschaffen, was man zu besitzen sucht, für eine bestimmte Tätigkeit, der man sich mit Hingabe widmet.

Quelle: www.duden.de (Abrufdatum: 19.1.2021)

Leidenschaft verbindet: Wenn wir auf Menschen treffen, die dieselben Interessen und Ziele haben, fühlen wir uns mit diesen sehr stark verbunden. Nicht selten empfinden wir dadurch auch zu diesen Menschen eine ausgesprochen große Sympathie und eine Art persönliche Bindung. Die Emotionen spielen auch beispielsweise in Bezug auf Fangemeinden von Sportvereinen oder Musikgruppen eine sehr wichtige Rolle: Die Liebe zum Objekt wird zu einer starken Anziehungskraft zu den Mitmenschen, die dieselbe Leidenschaft und Begeisterung empfinden.

Leidenschaft und Freude an den Sachen erlauben Zeit und Raum zu vergessen, und in die Materie so zu verfallen, dass wir im Flow arbeiten. Alles, was wir leidenschaftlich gerne mit viel Herzblut und Passion tun, wird zum individuellen Meisterwerk. Die Kraft der Leidenschaft dürfen und können wir deshalb nicht vernachlässigen, denn Leidenschaft fördert die Kreativität, Motivation, stiftet Zuversicht und hebt die Stimmung. [28].

EXKURS: FLOW

Im Flow erlebt man weder eine Unter-, noch eine Überforderung bei der Aufgabenerfüllung.

Der Arbeitende verschmilzt mit der Aufgabe gänzlich und vergisst Zeit und Raum. Dabei hat dieser Mensch das absolute Gefühl in die Aufgabe involviert zu sein und die Kontrolle über sie zu haben. [10]

Der Wunsch und die Realität

Im optimalen Fall haben die Mitarbeiter die Möglichkeit, ihr ganzes Potenzial an ihrem Arbeitsplatz zu entwickeln und gehen dem Beruf mit Leidenschaft nach: Sie können ihre Ideen beisteuern, sich weiterbilden und die neuerworbenen Kenntnisse einsetzen und sie fühlen sich optimal mit ihren Bedürfnissen und Erwartungen wahrgenommen. Sie empfinden Wertschätzung und Anerkennung am Arbeitsplatz und fühlen sich mit dem Arbeitsplatz emotional sehr verbunden.

Doch im Alltag sieht es (nicht nur) in den Apotheken etwas anders aus: Nicht immer können alle beruflichen Wünsche, Stärken und individuellen Bedürfnisse erfüllt werden, denn in erster Linie zählen in der Apotheke die pharmazeutischen Kompetenzen der Mitarbeiter im HV, Labor und in der Rezeptur. Apotheken müssen die Aufrechterhaltung der Versorgung der Bevölkerung mit Arzneimitteln gewährleisten und erst wenn dieser Auftrag lückenlos erfüllt ist, können weitere Leistungen ausgebaut werden und somit auch zusätzliche Kompetenzen der Mitarbeiter ins Spiel gebracht werden. Auch das Apothekengesetz und die Berufsordnungen regulieren die Aufgaben und Befugnisse der Apothekenmitarbeiter sehr konkret: PTA arbeiten unter Aufsicht und die Aufstiegschancen oder die Selbständigkeit für PTA und PKA sind nur begrenzt und im Einzelfall möglich. Es ist ein Fakt, der nicht auf dem guten oder dem schlechten Willen des Vorgesetzten fußt.

Für den Arbeitgeber, der ein großes Team mit mehreren Filialen führt, ist es praktisch nicht möglich, jeden einzelnen Mitarbeiter optimal und sämtlichen Stärken entsprechend zu fördern – auch wenn es psychologisch betrachtet das Ideal wäre – denn in allererster Linie werden die pharmazeutischen Mitarbeiter für die pharmazeutischen Tätigkeiten benötigt.

Viele Apothekeninhaber konzentrieren sich deshalb auf die definierten Aufgabenbereiche der Apothekenmitarbeiter und sehen in zusätzlichen Qualifikationen der Mitarbeiter wenig Chancen oder Einsatzmöglichkeiten in der Apotheke. Pharmazeutisches Personal ist zweifellos für die Apotheke kostbar und wird nicht zuletzt auch im Hinblick auf den Fachkräftemangel ausschließlich im pharmazeutischen Bereich eingesetzt.

Wann kann das ungenutzte Potenzial zu einem Stressor werden?

Im Bereich Schule ist das Problem der Unterforderung bereits gut erforscht: Intelligente Schüler, die sich im Unterricht langweilen, können irgendwann ihre Leistung drosseln. Aus guten und sehr intelligenten Schülern können irgendwann schlechte und problematische werden.

Bei vielen engagierten und motivierten Mitarbeitern kann ebenfalls die Leidenschaft im Beruf irgendwann zur Frustration führen: Intrinsisch motivierte Mitarbeiter sind bereit, alles aus sich zu geben und laufen zur Höchstform auf, sobald sie auf einen vermeintlich fruchtbaren Boden für ihre Ideen stoßen. Nicht nur der finanzielle, sondern auch der ideelle Aspekt motiviert tatwillige Mitarbeiter. Einige leidenschaftliche „Macher" geben allerdings irgendwann ihre beruflichen Träume auf, wenn sie sich am Arbeitsplatz nicht einbringen können oder ihre Ideen dauernd abgelehnt werden. Problematisch kann dann die Verlagerung der Interessen und die Suche nach dem Flow-Erlebnis in der Freizeit sein; es besteht auch die Gefahr der Überarbeitung bis hin zum Burnout.

Was können Sie als betroffener Mitarbeiter tun?

Warten Sie nicht, bis Ihr Potenzial entdeckt wird und Sie mitsamt Ihren Ideen abgeholt werden. Drosseln Sie Ihre Energie und Motivation nicht. Ergreifen Sie die Initiative selbst, indem Sie konkret Ihrem Vorgesetzten im Rahmen eines Mitarbeitergesprächs Ihre Wünsche und berufliche Ziele vorstellen und den Nutzen für die Apotheke und den Betrieb aufzeigen. Im Idealfall können Sie Ihren Vorgesetzten von Ihren Ideen überzeugen und haben ein neues Potenzial und Innovationen auf den Weg gebracht.

Es ist aber auch möglich, dass Ihre Ideen im Betrieb nicht umgesetzt werden können und dass die Vorteile für den Arbeitgeber nicht ersichtlich sind. Auch das kann für Sie selbst eine Chance sein, die Ideen zu hinterfragen und die Argumente und Perspektive Ihres Arbeitgebers anzunehmen und zu berücksichtigen. Nehmen Sie daher auch eine Ablehnung Ihrer Ideen entspannt an, schrauben Sie Ihre Erwartungen etwas herunter, revidieren Sie Ihre Visionen und lassen Sie sich Zeit, denn gute Ideen brauchen Zeit zum Reifen.

Suchen Sie in der Zwischenzeit in Ihrer Freizeit nach Ersatzmöglichkeiten, die Ihnen erlauben, sich mental auszutoben, sich zu entwickeln und Ihrer Kreativität freien Lauf zu lassen. Berücksichtigen Sie Ihre zeitlichen Ressourcen und Ihre körperlichen Kräfte, denn auch Freizeitprojekte bedeuten Arbeit und können durchaus zur psychischen und körperlichen Erschöpfung führen. Bleiben Sie im gesunden Maß und denken daran, dass Sie auch Freizeit, Erholung und Abstand von jeglicher Arbeit brauchen.

Es heißt keinesfalls, dass Sie Ihre ganze Leidenschaft und Energie in eigene Projekte einsetzen dürfen: Die Qualität Ihrer Arbeit darf zu keinem Zeitpunkt unter anderweitigen Projekten leiden, denn schließlich werden Sie von Ihrem Arbeitgeber für Ihre Arbeit bezahlt und sind zur guten Arbeit verpflichtet.

Dennoch ist es ratsam, den persönlichen Interessen in der Freizeit nachzugehen und sich weiterzuentwickeln, denn alleine das führt bereits auch zu mehr Zufriedenheit, weniger Stress und mehr Ruhe in Ihrem Job. Denn: gute Erfahrungen, die Sie in Ihrer Freizeit machen, beeinflussen auch positiv Ihre Stimmung und Verhaltensweisen am Arbeitsplatz (Spillover-Hypothese), sie ermöglichen die arbeitsbezogenen Entbehrungen auszugleichen (Kompensationshypothese) oder sie können auch die Arbeit in der Apotheke durch neu erworbene Kompetenzen bereichern (Bereicherungshypothese). [32]

Leidenschaft – ein „Auf und Ab" der Gefühle

Die berufliche Leidenschaft und Enthusiasmus verlaufen wellenförmig man spricht nicht nur im Kontext einer Partnerschaft, sondern auch bei beruflichen Projekten von „Honeymoon": Zu Beginn werden Herausforderungen spannend und mit Optimismus betrachtet und „man hat Feuer gefangen". Doch irgendwann später kommen erste Zweifel, man sieht die Probleme des Alltags, die Routine ersetzt den Reiz und letztendlich folgt das erste Tief. Und an diesem Punkt ist Leidenschaft gefragt, um kreative Lösungen für Probleme zu schaffen, um die Routine zu durchbrechen und um nicht nur die Anderen, sondern auch sich selbst zu überraschen. [46]

Genauso wie in der privaten Beziehung, in der sich Partner aktiv weiterentwickeln müssen, um füreinander attraktiv bleiben zu können, so ist es auch im beruflichen Bereich. Beide Seiten müssen Neues dazu lernen, sich mit Problemen auseinandersetzen, diverse Tiefs und Hochs durchleben und dennoch – oder gerade deshalb – bleibt eine solche Beziehung leidenschaftlich und vertrauensvoll. [72]

Wenn Sie das Gefühl haben, dass Sie Ihren Beruf nicht mehr so gerne haben wie früher, versuchen Sie sich folgende Fragen so ausführlich wie möglich zu beantworten:

- Warum waren Sie von Ihrem Job anfangs so begeistert?
- Was sind Ihre beruflichen Stärken und Erfolge?
- Worauf sind Sie stolz?
- Wann können Sie einfach in Ihrem Beruf Sie selbst sein?

Schauen Sie ganz genau, was in dem derzeit gegebenen Rahmen für Sie möglich ist und was Ihnen dabei helfen könnte, sich für Ihre Aufgaben zu begeistern. Niemals ist einfach „alles blöd!", etwas Positives verbirgt sich hinter jeder noch so scheinbar undankbaren Aufgabe. Im beruflichen Kontext ist die Aufgabe das Zentrum der Bemühungen und der Arbeitsplatz die Bühne, auf der Sie professionell Ihre Leidenschaft zum Beruf entfalten können. Konzentrieren

Sie sich auf die Sache, professionalisieren Sie sich, bilden Sie sich fort und erwecken Sie Ihre alte Begeisterung wieder zum Leben. Je mehr die Menschen an der eigenen Entwicklung arbeiten, desto mehr können sie ihren Mitmenschen anbieten und die Zukunft mitgestalten.

Leidenschaft verträgt Kritik, Zurückweisung und Misserfolge

Lernen Sie aus Kritik und Zurückweisung – denn diese Faktoren unterstützen nicht nur Ihre Entwicklung, sondern auch die Entwicklung Anderer. Ihre Ideen dienen anderen Menschen als Impulse und als gute, aber auch als schlechte und dennoch konstruktive Beispiele. Und die Argumente der Gegenseite erlauben Ihnen wiederum eine kritische Eigenreflexion Ihrer Vorhaben, die Sie dazu bringt, entweder den Kurs zu ändern oder aber noch mal kräftig in die bereits gewählte Richtung „Gas zu geben".

Leidenschaft lebt nicht von Routine, sie braucht Anregung und Bewegung, sie ist keine Tagesform, kein Status und auch kein Kurzzeitprojekt. Viele Menschen stolpern, fallen, zweifeln und leiden! Doch das sind dieselben, die hoffen, sich freuen, Erfolge feiern und glücklich sind! Jeder von uns sollte sich daher stets vor Augen halten, dass ein „Auf und Ab" natürlich ist und dass jeder Misserfolg eine Möglichkeit darstellt, Stressbewältigungsstrategien praktisch zu üben, anstatt den Sinn und die Existenz der Leidenschaft zu hinterfragen.

Leidenschaft nicht aufgeben: Ziele neu positionieren

Überprüfen Sie Ihre ursprünglichen Ideen nach einer gewissen Zeit und entscheiden Sie für sich selbst, wie wichtig es Ihnen ist, diese Ideen am Arbeitsplatz zu verwirklichen und auch welchen Nutzen Sie selbst davon haben. Sind Sie entschlossen, weiterhin Ihre Ziele zu verfolgen? Brennen Sie immer noch für Ihre Projekte und Visionen? Wären Sie auch bereit, dafür den Arbeitgeber zu verlassen?

TIPP FÜR DEN APOTHEKENALLTAG

Leidenschaft macht kreativ und wirkt dem Stress entgegen

Alle Ihre Kompetenzen und Zusatzqualifikationen sind Ihr Potenzial für die Zukunft, unabhängig davon, ob Sie diese am Arbeitsplatz nutzen können oder nicht. Je breiter Ihre Kompetenzen gefächert sind, desto weniger Stress werden Sie empfinden angesichts der Innovationen und der rasanten Entwicklungen im Bereich Apothekenwesen. Kreativ zu sein bedeutet daher auch Wege im gegebenen Rahmen auszuprobieren, denn weniger ist häufig mehr. Beachten Sie daher Ihre Möglichkeiten und die Ihres Arbeitgebers und bleiben Sie realistisch.

Es ist nicht immer möglich, den Beruf zum Hobby machen zu können, damit sehr viel Geld zu verdienen und am Arbeitsplatz dauernd Flow-Zustände zu erleben. Dennoch ist es sehr gut möglich, trotz alledem im Beruf Zufriedenheit zu schöpfen und engagiert zu arbeiten.

Geben Sie deshalb Ihre Leidenschaft nicht auf, auch dann nicht, wenn Sie Ihre Kompetenzen im Beruf nicht explizit einbringen können. Schauen Sie, wo Sie Ihr Potenzial entwickeln können, denn schon dadurch, dass Sie Ihre Erwartungen bezüglich der Entwicklung am Arbeitsplatz revidieren, werden Sie wesentlich entspannter, zufriedener und stressfreier Ihrer beruflichen Tätigkeit in der Apotheke nachgehen können. [28, 10]

2.2 O wie Optimismus

Der realistische Optimismus ist eine wichtige persönliche Ressource im Bereich der Stressbewältigung: Anforderungen werden nicht als Belastung, sondern als Herausforderung gesehen. Allerdings muss der Optimismus mit der Fähigkeit einhergehen, die Herausforderungen auch realistisch einschätzen zu können, denn ansonsten besteht die Gefahr des sich selbst Überschätzens und des Scheiterns.

DEFINITION

Was ist Optimismus?
Lebensauffassung, die alles von der besten Seite betrachtet; heitere, zuversichtliche, lebensbejahende Grundhaltung.

Quelle: www.duden.de

Optimismus, also der Glaube daran, dass alles gut wird, ist sinnstiftend. Je stärker wir an unseren Fähigkeiten zweifeln, desto schneller sind wir dazu bereit, unsere Ziele aufzugeben. Eine gesunde Portion Pessimismus ist in der einen oder anderen Situation durchaus angebracht. Doch eine dispositionelle pessimistische Einstellung und dauerhaftes Zweifeln sind nicht nur für die Person selbst belastend und nicht zielführend, sondern auch für ihre Mitmenschen.

Denn je mehr sich ein Mensch das Schwarze, das Pessimistische ausmalt, desto größer ist auch die Wahrscheinlichkeit, dass derjenige das Ziel nicht erreicht. Psychologen sprechen von der „sich selbst erfüllenden Prophezeiung". Es ist die Erklärung für das Scheitern vieler persönlicher Projekte: „Habe ich es nicht gesagt, dass es nicht funktionieren wird?"

Pessimisten leiden häufig an Depressionen und zwanghaften Grübeln. Sie führen häufig negative Ereignisse auf eigene Unfähigkeit zurück, sehen sich selbst als Versager und Pechvögel. Diese Einstellung drückt nicht nur die Stimmung weiter herunter, sondern fördert auch die ungünstigen (maladaptiven) Stressbewältigungsstrategien wie Alkohol- und Drogenkonsum, Frustessen, Desinteresse, sozialer Rückzug.

Optimismus schützt vor Stress und Angst

Optimismus heißt nicht immer die rosarote Brille aufzuhaben und immer gut drauf sein zu müssen. Auch bedeutet es keinesfalls, dass wir immer aus jeder Situation etwas Gutes rausholen müssen.

Optimismus ist nicht der einzige Weg zum Glück und zum Erfolg, wirkt aber häufig wie ein Katalysator: Optimistische Menschen verfolgen ihre Ziele zuversichtlich, glauben an sich selbst und gehen anders mit Rückschlägen um als Pessimisten.

Optimismus ist ein stabiles Persönlichkeitsmerkmal, es ist aber formbar und durch positive Erfahrungen veränderbar. Dabei wirken positive Gefühle und Erlebnisse im Gehirn wie Stimmungsaufheller. Und allein das führt dazu, dass Optimisten seltener an Depressionen erkranken als Pessimisten. „Optimismus schützt vor Stress und Angst" – dieser Meinung ist Hendrik Berth, der Psychologe der TU Dresden und Leiter der Forschungsgruppe für Angewandte Medizinische Psychologie [33].

Nicht nur die eigene Gesundheit profitiert von der positiven Einstellung, sondern auch das soziale Leben: Optimisten sind beliebter als Pessimisten, obwohl sie eher dazu neigen, Andere um Hilfe zu bitten als pessimistisch gestimmte Personen. Möglicherweise macht es den Optimisten auch menschlicher und daher auch beliebter. Ein Pessimist gibt schneller als ein Optimist ein Ziel auf und versucht gar nicht Hilfe zu holen: Er scheitert lieber und leidet unter Misserfolg. Der Misserfolg verstärkt die pessimistische Sichtweise und den ohnehin schon erlebten Stress.

Positive Psychologie ist keine „Tschakka-Methode"

„Denk positiv", „Du schaffst es", „Alles wird gut" – das sind die Slogans, die wir häufig im Zusammenhang mit positivem Denken hören. Doch die wissenschaftliche Psychologie verbindet mit dem Begriff Positive Psychologie etwas anderes.

Es geht nicht nur um positive Gedanken, sondern in der Tat um positive Emotionen. Je häufiger man sich an positive Erlebnisse und Emotionen erinnert, umso mehr möchte man davon haben und sie erleben. Auch schöne Erinnerungen können körpereigene Neurotransmitter aktivieren, die uns ein gutes Gefühl vermitteln. Denn: Positive Erinnerungen – an eine schöne Begegnung, an ein nettes Gespräch, an eine freudige Nachricht – stimmen angenehm positiv, während negative Erinnerungen immer wieder alte Wunden aufreißen. Optimisten bewerten das eigene Schicksal positiver als Pessimisten und sehen hoffnungsvoll in die Zukunft.

Es gibt Phasen im Leben, in denen es schwer fällt, positiv zu denken und optimistisch zu sein und gerade dann ist es wichtig zu wissen, dass das Leben wellenförmig verläuft und dass nach einer Phase des Tiefs ein Hoch folgen wird und – leider auch – umgekehrt.

Gemäß der „Broaden-and-build-Theorie" [23] tragen positive Emotionen wie Freude, Stolz, Liebe, Interesse zum Gefühl der Sicherheit bei. Diese Sicherheit beflügelt und belebt. Positive Emotionen zeigen in psychologischen Studien, dass sie ausgesprochen leistungssteigernd wirken und dass sie die Kapazität des Arbeitsgedächtnisses erhöhen und die Aufmerksamkeit begünstigen. Man spricht beispielsweise im Kontext des Verliebtseins vom „Schweben auf Wolke Sieben" – was gleichbedeutend ist mit einem guten Wohlbefinden und einer positiven und optimistischen Sichtweise in Bezug auf ein Objekt. Das Objekt kann ein anderer Mensch sein, es kann aber auch eine Aufgabe sein, der man mit Leidenschaft nachgeht. Die positive Sichtweise hat eine Pufferwirkung auf das Stresserleben, unter anderem durch die Aktivierung weiterer Ressourcen und des gesundheitsförderlichen Verhaltens.

Daher ist es sehr wichtig im beruflichen Kontext Projekte in Angriff zu nehmen und mit Menschen zusammenzuarbeiten, die diese positive Emotionen stiften. Auch – oder gerade dann – in der Zeit einer Krise. Demgegenüber verhindert eine pessimistische Einstellung und Sichtweise die Kreativität und die Produktivität am Arbeitsplatz. [22, 42, 37]

Unverwundbar, optimistisch, stark

Sicherlich haben Sie schon von Kunden gehört, die Ihre ernste Erkrankung im Nachhinein als eine „Neugeburt" bezeichnen? Krisen tragen dazu bei, sich über das Wesentliche Gedanken zu machen und können enorme Lebensenergie stiften. Psychologen sprechen in diesem Fall von Resilienz. Resilienz ist die Fähigkeit, unvorhergesehene Ereignisse unbeeinträchtigt zu überstehen, sich auf neue Bedingungen einzulassen und sich diesen anzupassen. Resiliente Menschen akzeptieren Misserfolge und sind bestrebt, Fehlschläge als Herausforderungen zu sehen. Dennoch werden die Themen Krise und Scheitern tabuisiert.

Wenn ein Rückschlag auf den anderen folgt, ist es sicherlich nicht schön. Dennoch ist die Wahrscheinlichkeit hoch, dass die Ziele, die dauernd verfolgt werden, einfach nicht die Richtigen sind. Erfolge sind ein Ergebnis aus gesetzten Zielen und den eigenen Fähigkeiten. Die Fähigkeiten und die Fertigkeiten müssen objektiv bewertet werden und zu den gesteckten Zielen passen, nur so ist es möglich, auch entsprechend optimistisch in die Zukunft zu schauen.

Wenn Sie als PTA kein gutes Englisch sprechen, können Sie auch keinen guten Kundenvortrag in Englisch halten, egal wie optimistisch Sie generell sind. Da hilft auch kein Glaube an sich und auch kein Mutzuspruch von Ihren Kollegen.

Lassen Sie sich nicht von Anderen verunsichern, wenn Sie Aufgaben ablehnen, die Sie sich selbst nicht zutrauen oder die außerhalb Ihrer beruflichen Kompetenzbereiche liegen. Sich ausschließlich auf das Positive zu fokussieren und zu hoffen, dass generell alles von alleine gut wird, ist realitätsfern, naiv und manchmal auch leichtsinnig und gefährlich. [62]

… und wenn ein Optimist doch scheitert?

Trotz Zuversicht erfahren auch Optimisten eigene Grenzen, sie scheitern und fallen. Und während sich der Pessimist beim Scheitern in seiner Prognose bestätigt fühlt und es als eine zusätzliche negative Erfahrung verbucht, lernt der Optimist mit dem Scheitern umzugehen und sich mit neuen Zielen und Aufgaben zu beschäftigen. Sich neue Ziele und neue Aufgaben zu suchen, die man mit Leidenschaft macht, sei es beruflich oder privat, ist der sicherste Weg, um positive Emotionen zu erzeugen und Dankbarkeit und Freude zu erleben.

Diese Faktoren beeinflussen positiv die Selbstwirksamkeit, also die treibende Kraft der Optimisten.

Optimisten scheitern mit Kultur: „Fuckup Night"

In der Apotheke können Fehler sehr weitreichend sein: Eine Falschabgabe eines Medikamentes oder die Herstellung eines Rezepturarzneimittels mit einer falschen Substanz kann das Leben des Patienten kosten. Es gibt schlicht und ergreifend Aufgaben, die eine strikte Null-Fehler-Toleranz erfordern. Abgesehen von den Aufgaben, die eine hundertprozentige Qualität und Sicherheit erfordern, wie beispielsweise die Herstellung einer Kapselrezeptur, gibt es in der Apotheke auch Fehler, die zwar sehr ärgerlich, aber nicht lebensgefährlich sind. Eigene Fehler zu thematisieren, sie zuzugeben und Mut zu haben, eigene Fehler als ein schlechtes Beispiel zu präsentieren, muss man lernen.

Seit mehreren Jahren etablieren sich die sogenannten „Fuckup Nights" in Deutschland und auf der ganzen Welt. Inzwischen haben sie nahezu in allen größeren Städten bereits Anhänger gefunden. Das Konzept der Fuckup Night sieht vor, das Thema Scheitern locker und auch auf humorvolle Weise aufzugreifen und vor allem offen, optimistisch, selbstironisch und ehrlich über persönliche und berufliche Fehler zu sprechen. Misserfolg bedeutet nicht das Ende der beruflichen Karriere: Viele kommen erst zu dem, was sie heute sind, durch Fehler oder Enttäuschungen. [46]

Die „Fuckup Nights" zeigen außerdem auf, dass Scheitern viele verschiedene Gesichter hat. Mal sind es finanzielle Aspekte und ein anderes Mal geht beispielsweise eine berufliche

Beziehung in die Brüche. Diese Rückschläge zu akzeptieren und gestärkt aus ihnen hervorzugehen – das ist das Anliegen der neuen Kultur des Scheiterns, die durch diese Veranstaltungsreihe etabliert wird.

TIPP FÜR DEN APOTHEKENALLTAG

Storytelling: Veranstalten Sie mit Ihrem Apothekenteam ein Event in Anlehnung an die „Fuckup Nights".
Stehen Sie offen zu Ihren Fehlern und Misserfolgen und lassen Sie auch Ihre Kollegen oder Ihre Mitarbeiter darüber sprechen: über Jobs, die gut bezahlt waren, aber unglücklich machten, über nebenberufliche Tätigkeiten, die gescheitert sind, über Weiterbildungen, die in Angriff genommen, aber nicht vollendet wurden, über Fehler in der Rezeptur, bei der Medikamentenbelieferung etc.

Alle können aus den Fehlern oder missglückten Versuchen sehr viel lernen.

Stehen Sie zu Ihren Fehlern, denn die haben Sie zu dem gemacht, was Sie heute sind.

Wie kann man Optimismus trainieren?

- Realistisch bleiben und eigene Ziele entsprechend der persönlichen Situation, der Fähigkeiten und Kompetenzen setzen: Werden die Ziele zu hoch gesetzt, ist ein Scheitern wahrscheinlich.
- Sich häufig an positive Emotionen erinnern und ärgerliche Situationen, die ohnehin nicht änderbar sind, nicht immer wieder ins Gedächtnis holen.
- Sich auf anderen Gebieten engagieren und einbringen und den Sinn auch außerhalb des Jobs und der beruflichen Tätigkeit suchen.
- Abstand von Menschen nehmen, die permanent schlecht drauf sind und alles „schwarz" sehen, denn Emotionen sind ansteckend, somit kann eine schlechte Stimmung ganz schnell das ganze Team „befallen".
- Langfristig klare Entscheidungen treffen!

Klare Entscheidungen fördern Optimismus, und warum?

Menschen neigen dazu in den Entscheidungen, die sie getroffen haben, eine argumentative Bestätigung zu suchen. Dieses Phänomen ist unter Bestätigungsfehler (confirmation bias) bekannt. In der Psychologie werden solche Fehler zwar als Wahrnehmungsverzerrung betrachtet, allerdings scheinen sie auch einen positiven Effekt auszuüben. [54]

Wenn eine Person davon überzeugt ist, dass die getroffene Entscheidung richtig ist, blendet sie Informationen aus, die diese Überzeugung widerlegen könnten. Wenn Sie also eine Entscheidung nach einer gründlichen Überlegung getroffen haben, ziehen Sie diese auch durch. Bleiben Sie zuversichtlich, dass diese Entscheidung die beste ist, die Sie zu dem gegebenen Zeitpunkt treffen konnten.

Vage Pläne begünstigen das Grübeln. Und das Grübeln führt dazu, dass Entscheidungen oder Vorhaben immer wieder neu hinterfragt werden. Dabei ist es selten möglich, eine einzige ultimative und krisenfeste Entscheidung zu treffen: Es gibt bei allen Entscheidungen und Schritten diverse Pro und Contra und die wahren Konsequenzen zeigen sich erst im Laufe der Zeit.

Im Konzept der Förderung der Entscheidungen und der Planumsetzung ist das Vier-Phasen-Rubikon-Modell von Heckenhausen sehr hilfreich (Tabelle 3). Dieses theoretische Modell hilft dabei, Grübelschleifen und Gedankengänge „Hätte ich bloß damals...!" in Griff zu bekommen und Entscheidungen und Ziele effizient zu verfolgen.

Phase	Kurzbeschreibung
1. Abwägen	Phase der Zielkonkretisierung und der objektiven Abwägung der Pro und Contra.
2. Planen	Phase der realistischen Einschätzung der verfügbaren Mittel und Möglichkeiten und der Mobilisierung der Ressourcen, die dazu beitragen das Ziel zu erreichen.
3. Handeln	Handlungsphase mit der Fokussierung auf das Ziel, der flexiblen Anpassung der Anstrengungen an die Gegebenheiten.
4. Bewerten	Phase des Vergleichs des gewünschten Ergebnisses mit dem erreichten Ergebnis. In dieser Phase werden Ziele ggf. neu justiert und die Gründe für das Scheitern „erforscht".

Tabelle 3: Das Vier-Phasen-Rubikon-Modell von Heckenhausen (nach [76])

Optimismus ist keine Schönmalerei, sondern ein aktiver Entschluss an sich selbst zu glauben, den eigenen Fähigkeiten zu vertrauen und sich dabei weder selbst zu überschätzen noch sich von anderen Menschen verunsichern zu lassen. Zum Optimismus gehört daher auch ein bewusster Entschluss, etwas nicht machen zu wollen, einfach „Nein" zu sagen und selbst zu entscheiden, wann man sich einer Belastung nicht (mehr) aussetzen will. Der Optimismus unterstützt die Überzeugung, dass die Entscheidungen, die man im Leben trifft, die Richtigen sind.

Zuversichtlich bleiben

Es ist für die Psyche besser zu wissen, dass Misserfolge oder auch gescheiterte (Arbeits)-Beziehungen eine wichtige Funktion haben: Sie lehren und prägen uns für das weitere Leben. Einmal hinfallen, Wunde versorgen, abheilen lassen und weiter geht's! Auf ein Neues! Dennoch und trotzdem!

Ein Ziel aufzugeben, das nicht zu unserem aktuellen Leben passt, setzt Energie frei für neue Projekte. Nehmen Sie sich die Zeit dafür, sich mit dem „Scheitern" und mit dem „Aufgeben" zu beschäftigen. Es wird Ihnen nicht von heute auf morgen besser gehen: Es dauert bis sich ein neues Ziel, eine neue „Insel" am Horizont bemerkbar machen. Und ja: Es fließen manchmal auch sehr viele Tränen, wenn man scheitert oder wenn eine Zusammenarbeit unglücklich endet. Aber diese Emotionen gehören nun mal leider auch im eigenen Stressmanagement dazu und sind kein Zeichen der Schwäche, sondern eine Symbolik für den Abschied.

Bleiben Sie optimistisch und schätzen Sie alle Ihre Erfahrungen! Auch dann, wenn die Entwicklung nicht in Ihrem Sinne verlief und Sie traurig verstimmt. Bleiben Sie dankbar und versuchen Sie zumindest mental ein humorvolles „Happy End" für Ihre turbulenten Geschichten zu schreiben.

2.3 V wie Vertrauen

Für das Funktionieren von Netzwerken ist Vertrauen notwendig. Das gilt gleichermaßen für private wie für berufliche Netzwerke. Vertrauen ist eine unsichtbare und unausgesprochene Ressource und im Bereich effektives Stressmanagement äußerst wertvoll.

DEFINITION

Was ist Vertrauen?
Vertrauen beschreibt ein festes Überzeugtsein von der Verlässlichkeit, Zuverlässigkeit einer Person, Sache.

Quelle: www.duden.de (Abrufdatum: 19.1.2021)

Vertrauen ist ein Gefühl, das uns in zwischenmenschlichen Beziehungen begleitet. Wir vertrauen darauf, dass man uns nicht mit gespielter Freundlichkeit einfach nur so „um den Finger wickelt". Wir hoffen, dass der freundliche Mensch es genauso ehrlich mit uns meint, wie wir es mit ihm tun. Wenn wir jemandem unser Vertrauen schenken, verlassen wir uns darauf, dass wir von ihm nicht unfair behandelt oder zu seinem eigenen Vorteil manipuliert werden. Ein Vertrauensbruch ist eine Art Bruchlandung: Man steht vor einem Trümmerhaufen und braucht erstmal Zeit, um mental aufzuräumen.

Vertrauen macht glücklich

Menschen, die Anderen schnell vertrauen, werden auch häufig mit Vertrauen beschenkt. Unser Verhaltensstil ruft häufig bei der anderen Person genau diesen Verhaltensstil hervor, der unseren Erwartungen entspricht. Zeigen wir uns misstrauisch, so wird sich der Gegenüber uns gegenüber ebenfalls misstrauisch zeigen. Der Vertrauensforscher Professor Dr. Julian Rotter fand vor vielen Jahren heraus, dass vertrauende Menschen Anderen häufig eine zweite Chance geben, weniger lügen, die Rechte Anderer respektieren [60]. Sie sind darüber hinaus positiv eingestellt, offen, glücklich und werden stärker gemocht als Menschen, die dauernd Anderen misstrauen und eine Mauer um sich bauen. Ebenfalls fand er in seinen Arbeiten heraus, dass vertrauende Menschen nicht leichtgläubiger sind als Skeptiker oder solche, die grundsätzlich niemandem (mehr) trauen.

Vertrauen entstresst

Vertrauen ist die Grundlage, damit unsere Welt funktionieren kann: Während wir auf der Überholspur mit 160 km/h fahren, vertrauen wir darauf, dass sich andere Autofahrer an die Regeln halten und nicht plötzlich die Spur wechseln. Wenn unsere Kinder erwachsen werden, lassen wir sie ruhigen Gewissens flügge werden und vertrauen darauf, dass sie den richtigen Weg für sich finden werden. Wir können nicht alles selbst machen, überprüfen, bewachen, korrigieren und selbst können, wir müssen uns auf Andere verlassen und ihnen vertrauen.

Das ist Vertrauen: Sich auf jemanden verlassen, an seine Kompetenzen und Fähigkeiten glauben, die Kontrolle aufgeben und die Verantwortung abgeben – aus der Überzeugung und der Erfahrung heraus erwarten, dass alles gut wird. Nicht nur die tatsächliche Hilfe, sondern schon das Vertrauen auf die zukünftige Hilfe in schwerer Zeit bewirkt eine Stressreduktion [72]. Ein dauerhaftes Misstrauen oder die ständige Sorge vor einer Enttäuschung stresst, raubt Energie und trübt die Freude an einer (privaten oder beruflichen) Beziehung.

Wir können und sollten nicht jedem vertrauen: Weder der akademische Titel eines Menschens, noch seine Erfolge oder sein vorhandenes Netzwerk gibt uns die Sicherheit, dass diese Person unser volles Vertrauen verdient. Die Vertrauenswürdigkeit eines Menschens können wir nicht an seiner Herkunft, seinem Wohlhaben oder seinem beruflichen Status ablesen. Es ist eine Mischung aus Persönlichkeit, Sympathie, Stärken, Schwächen und Kompetenzen einer Person, die uns dazu verleitet, im positiven Sinne "schwach" zu werden und einfach zu vertrauen. Hier verlassen wir uns auf unser „Bauchgefühl" und dürfen nur hoffen, dass wir richtig liegen.

Selbstvertrauen und Selbstsicherheit

Doch auch sich selbst zu vertrauen und an sich zu glauben gilt im Bereich Stressmanagement als eine persönliche Ressource. Der Glaube an sich, an die eigenen Stärken und Fähigkeiten, führt zum zielführenden Handeln. Psychologen sprechen vom Konzept der Selbstwirksamkeit. Zur Selbstwirksamkeit gehört allerdings auch das Wissen über die eigenen Schwächen und Defizite. Derjenige, der sich seiner Schwächen bewusst ist, ist bereit, rechtzeitig die Hilfe und Unterstützung Anderer in Angriff zu nehmen oder die eigenen Ressourcen und die Fertigkeiten – zum Beispiel durch Weiterbildungsmaßnahmen – auszubauen, um handlungsfähig bleiben zu können.

Das Vertrauen in die eigene Handlungsfähigkeit wird daher als persönliches Potenzial im Umgang mit Krisen und kritischen Lebensereignissen betrachtet. Die Selbstwirksamkeit führt auch zu einer optimistischen Sichtweise und dient dem Selbstwertgefühl.

Vorsicht: Manipulation durch Vertrauen

Menschen, die sympathisch erscheinen, schleichen sich schnell ins Vertrauen ein. Vertrauenswürdig aufzutreten, ist nicht mit Vertrauen gleichzusetzen! Sympathie ist ein großer Einflussfaktor und kann daher auch manipulativ eingesetzt werden. Dieser (unschöne) Trick wird häufig im Verkauf eingesetzt, mit dem Ziel das Vertrauen des Kunden zu gewinnen.

Wie „erzeugt" man Vertrauen?

- Durch eine positive Selbstdarstellung z. B. durch schicke Kleidung, eine nette und humorvolle Auswahl der Gesprächsinhalte, ein gepflegtes Aussehen, einen akademischen Titel.
- Durch vermeintliches Preisgeben negativer Informationen über sich, um Mitleid oder Bescheidenheit vorzutäuschen (Selbstmissbilligung).
- Durch Preisgeben persönlicher Informationen (Selbstenthüllung).
- Durch *Name-Dropping*: Das Gegenüber bringt sich in Verbindung mit anderen sympathischen Personen oder Ereignissen, sodass er dadurch auch im positiven Licht erscheint.
- Durch Hervorheben der Ähnlichkeiten, gemeinsamer Interessen.
- Durch das Erzeugen von positiven Gefühlen beim Gegenüber durch Zustimmung, Kopfnicken, Interesse, Zuneigung, Lächeln, Flirten. [72]

Wie unterscheidet man Manipulation von Vertrauenswürdigkeit?
An dieser Stelle werde ich Sie sicherlich enttäuschen, denn auch Psychologen können Menschen ohne Diagnostikinstrumente nicht durchschauen. Es gibt keine sicheren Zeichen und keine alltagstauglichen Indikatoren, die auf die hundertprozentige Vertrauenswürdigkeit des Gegenübers hinweisen.

Und wie Sie merken, können diese genannten Aspekte auf der einen Seite als manipulative Mechanismen eingesetzt werden, doch auf der anderen Seite sind es gerade die Aspekte, die uns dazu veranlassen, Anderen zu vertrauen.

Fakt ist, dass „Tricks" keine Basis zum Aufbau einer guten Arbeitsbeziehung und einer vertrauensvollen Zusammenarbeit sind – um Anderen vertrauen zu können, braucht es Zeit und nicht nur oberflächige Sympathie.

TIPP FÜR DEN ALLTAG
VERTRAUEN SCHENKEN, UM VERTRAUEN ZU GEWINNEN

Wie Sie das Vertrauen Anderer gewinnen können?
Bleiben Sie selbst freundlich und authentisch, wenn Sie vertrauenswürdig auftreten möchten und die Herzen anderer erreichen wollen. Versprechen Sie nur das, was Sie halten können und halten Sie sich auch daran, denn das echte Vertrauen gewinnen Sie nur durch wahre Worte, Verbindlichkeit und Zuverlässigkeit. Und lassen Sie jeder Beziehung Zeit, denn nur so können Sie merken, ob sie sich entwickelt und vertrauensvoll wird oder nur oberflächig bleibt.

Vertrauen ist krisenfest
Menschen können nicht jederzeit ihre Höchstleistung erbringen, sie durchleben gute und schlechte Zeiten. Sensibel auf die Probleme des Gegenübers zu reagieren, an ihn gestellte Ansprüche zu revidieren, abzuwarten oder einfach dem Kollegen die Arbeit abzunehmen, wenn man merkt, dass ihm alles über den Kopf hinauswächst – das macht vertrauensvolle Zusammenarbeit aus.

Krisen, Probleme und Wendepunkte im Leben, sind daher gute Gelegenheiten, um das Vertrauen auf Echtheit und Beständigkeit zu überprüfen: In der Zeit der Corona-Pandemie sind beispielsweise viele private und berufliche Beziehungen in die Brüche gegangen. Einige andere Beziehungen haben wiederum eine extreme Beschleunigung in positive Richtung erfahren. Frei nach dem Sprichwort *„A friend in need, is a friend indeed"*, haben daher Krisen das Potenzial, das Vertrauen in der Realität zu testen.

Vertrauen kann zu einem unermüdlichen Einsatz, guter Leistung und dauerhafter Motivation befähigen und letztlich auch zu einer Quelle positiver Emotionen werden. Selbstvertrauen dient dazu, immer wieder neu aufzustehen, neue Bekanntschaften zu knüpfen, den Sinn in neuen Aufgaben zu finden und an das Gute in anderen Menschen zu glauben, anstatt an Enttäuschungen zu zerbrechen.

2.4 E wie Emotionen

Apothekenmitarbeiter stehen im häufigen Kunden- und Patientenkontakt. Sie sollen Kunden freundlich und zuvorkommend bedienen, unabhängig davon, wie ihre eigene gefühlsmäßige Verfassung aussieht. Je stärker sich der eigene emotionale Ausdruck vom tatsächlichen Erleben unterscheidet, desto größer wird das Risiko, dass sich negative Folgen wie emotionale Erschöpfung und schlechtes körperliches Befinden einstellen.

DEFINITION

Was ist eine Emotion?

Emotion ist innere Empfindung, die angenehm oder unangenehm empfunden und mehr oder weniger bewusst erlebt wird, z. B. Freude, Angst, Kummer, Überraschung.

Quelle: www.wirtschaftslexikon.gabler.de (Abrufdatum: 19.1.2021)

Viele Emotionen begleiten uns durch den Berufsalltag: Ärger, Wut, Abneigung, Trauer, Freude. Aber nicht alle Emotionen bringen uns weiter. Im Gegenteil: Sich über etwas zu ärgern, was man nicht ändern kann, raubt sehr viel Energie und erzeugt weiteren Stress. Besonders wichtig ist es auch, sich von Emotionen Anderer zu distanzieren, um der emotionalen Ansteckung aus dem Weg zu gehen. Psychologen und Psychotherapeuten sind sich einig, dass Lachen, Humor und Trauer unsere Emotionen regulieren können und uns somit ein Stück weiterbringen, die Stresslast zu reduzieren.

Humor in der richtigen Dosis

Eine wohlwollend humorvolle Sicht auf die Welt kann bei der Stressbewältigung im Leben von Kunden und Angehörigen der Gesundheitsberufe helfen. Humor kann auch dazu verwendet werden, kleine Fehler des Alltags zu thematisieren und hervorzuheben, ohne sie zu überdramatisieren: Humor entstresst und bereichert zwischenmenschliche Beziehungen. Humor hat eine nachgewiesene positive Wirkung auf unser Wohlbefinden.

Umso mehr möchte ich Ihnen an dieser Stelle ausführlich die „Power of Humor" näherbringen, denn diese ist eine sehr wichtige Ressource im alltäglichen Stressmanagement. Humor senkt der Stresshormonspiegel und den Blutdruck, stärkt das Immunsystem, lindert Schmerzen und verringert Entzündungen. Im Klartext: Humor ist therapeutisch wirksam. [50]

Was ist Humor?

„Humor ist ein Spiel mit Ideen. Menschen, die humorvoll sind, gestalten ihre Alltagssituationen so, dass sie unterhaltsam und intellektuell anregend sind. Humor ist ein Moderator, der alles andere als überflüssig oder störend ist." [55]

Aus der psychologischen Perspektive ist es nicht klug, die neuen Kollegen direkt in den Wirbel der Verspieltheit mitzureißen, denn das könnte die neue Arbeitsbeziehung überfordern. Anderseits wird möglicherweise eine neue Arbeitsbeziehung nicht lange „glücklich" laufen, wenn sich die Kollegen in ihrem Humor stark unterscheiden. Denn gerade *"der gleiche Humor, in der richtigen Dosierung, zur richtigen Zeit"* sind Faktoren, die Beziehungen zu etwas Besonderem machen können.

Humor und Verspieltheit sind in kleinen Mengen wirksam, aber nur dann, wenn sie authentisch sind. Sicherlich ist uns nicht dauerhaft nach Lachen zu Mute und jeder von uns kann auch mal schlechte Laune haben. Auch ist nicht in jeder Situation Humor und Witz erwünscht, willkommen und zielführend. Aber auch im professionellen Auftritt müssen Sie nicht auf Humor verzichten: Humorvolle und verspielte Menschen kombinieren das vorhandene Wissen mit neuen noch unbekannten Wegen. Sie nutzen die Verspieltheit auf verschiedene Art und Weise, um eine Lösung für existierende Probleme zu finden.

Verspielt, humorvoll, unprofessionell?

Auch Schlagfertigkeit ist eine Art der intellektuellen Verspieltheit: Innerhalb von Bruchsekunden werden kognitive Netze aktiviert – Paradoxien, Metaphern, Insider, Allgemeinwissen prallen aufeinander und liefern Bausteine für eine zur Situation passenden Bemerkung.

Nutzen Sie ruhig Ihre verspielte Art, um weiterzukommen, aber unterlassen Sie Arroganz, Überheblichkeit, Vergleiche und sensible Themen! Ein gutherziger Humor kann soziale Interaktionen erleichtern und sich positiv auf die Stimmung auswirken und ist grundlegend, um beständige und besondere Beziehungen aufzubauen.

Denken Sie allerdings daran, dass Humor interkulturell sehr verschieden ist und dass es auch die dunklen Seiten des Humors gibt. Sarkasmus, Zynismus oder Ironie können verletzen und sind grundsätzlich im Kundenkontakt nicht zu empfehlen. In starken kollegialen Beziehungen kann jedoch auch der „dunkle Humor" angebracht sein, etwa als Möglichkeit sensible Themen anzusprechen. [55]

Humorvolle Menschen gestalten soziale Beziehungen mit Anderen angenehm, sind unbeschwert und genießen das Leben. Sie spielen mit Ideen und Gedanken, denken vernetzt und sind offen für seltsame, witzige und groteske Situationen. Dennoch sind die humorvoll Verspielten nicht immer über den eigenen „Trumpf" glücklich. Kein Wunder, denn einen humorvollen Menschen ernst zu nehmen, fällt zugegebenermaßen schon per se ein wenig schwer. So müssen sich Verspielte ziemlich anstrengen, um zu beweisen, dass hinter dem Humorvollen auch Wissen und Professionalität stecken. [55]

TIPP FÜR DEN APOTHEKENALLTAG

Umgang mit Humor im Kundenkontakt

1. **Bleiben Sie authentisch**, aber „fallen Sie nicht mit der Tür ins Haus"! Rechnen Sie damit, dass Ihr Humor nicht verstanden wird. Wenn Sie professionell wirken wollen, zeigen Sie sich erstmal von Ihrer fachlichen Seite, bevor Sie Ihre humorvollen Bemerkungen lassen.
2. **Humor macht nicht Allen Spaß!** Es gibt Menschen, die Sorge haben ausgelacht zu werden. Diese Angststörung wird als *Gelatophobie* bezeichnet. Menschen mit dieser Sozialphobie wirken nach außen humorlos distanziert und arrogant. Sie sind dauernd bemüht nicht aufzufallen, um nicht ausgelacht zu werden. Bei solchen Kunden und Kollegen müssen Sie Ihren Humor besonders stark kontrollieren und regulieren.

3. In der **professionellen Korrespondenz** kann Humor schnell zum Verhängnis werden: Denken Sie daran, dass sie weder die Reaktion des Gegenübers sehen können noch sicher sein können, dass Ihre E-Mail nur von dem Adressaten gelesen wird.
4. Last but not least: **Humor ist sehr individuell** und zeigt Ihre persönliche Seite, zu der Sie nicht jedem Menschen den Zugang gewähren müssen.

Wie kann man Humor trainieren?
Verspieltheit und Humor können die psychische Widerstandsfähigkeit fördern, wie Forschungen zeigen. Humorvoll zu sein ist keine beständige Persönlichkeitseigenschaft, die genetisch angelegt ist. Humor ist eine Gewohnheit, die man sich aneignen und trainieren kann. Wenn Sie allerdings bisher als ernste Person galten, wird Ihr Humor bei Ihren Kollegen sicherlich nicht authentisch rüberkommen, wenn sie ihn von einem auf den anderen Tag ausleben.

Nehmen Sie Humor als eine Chance und als eine Option, um den Stress des Alltags zu managen. Denn: Je häufiger Sie Humor in Ihren Alltag integrieren, desto mehr gewöhnt sich Ihr Gehirn an den Spaß und umso besser können Sie neuen Humor und Spaß generieren.

Und möglicherweise denken Sie, dass Humor im Kontext einer Krankheit nichts zu suchen hat. Doch das ist nicht der Fall. Psychologen haben sich mit dem Thema „Humor im klinischen Bereich" auseinandergesetzt und sehen im Humor ein großes Potenzial, um Patienten und Kranke zu begleiten.

Der Psychologe Paul Osincup [50] gibt Tipps, um langsam in das humorvolle Leben einzusteigen und es zu trainieren:

- Schreiben Sie ein „Das hätte ich sagen sollen"-Tagebuch! Wenn Ihnen adhoc nichts Witziges einfällt, aber eine kurze Zeit später denken Sie sich „hätte ich es bloß gesagt", dann schreiben Sie sich ruhig diese Idee auf. Je öfter Sie dies tun, desto schneller beginnt Ihr Gehirn Verbindungen herzustellen.
- Folgen Sie lustigen Seiten auf Social-Media-Kanälen! Auf diese Weise werden Sie häufiger mit Humor konfrontiert und können Ihre Ideen „weiterspinnen".
- Schauen Sie sich in der Pause ein kurzes lustiges Video an! Menschen, die sich in der Pause lustige Videos anschauen, sind nach der Pause wesentlich produktiver und mental entspannter als Andere.
- Schreiben Sie jeden Tag drei Dinge auf, die Sie als lustig, amüsant oder humorvoll empfunden haben! Forscher fanden heraus, dass Menschen, die sich täglich drei lustige Anekdoten aufgeschrieben haben, in den kommenden Wochen glücklicher fühlten und weniger depressiver Symptomatik zeigten, als diejenigen, die es nicht taten.

Verspielte und humorvolle Menschen empfinden generell **weniger Stress** und verfügen über bessere (adaptive) Strategien zur Stressminderung als die weniger verspielten.

Nicht-adaptive Stressbewältigungsstrategien (sog. „Flucht"-Verhalten, wie z. B. Alkoholmissbrauch, um in eine bessere Stimmung zu kommen, „Krankfeiern", Absentismus, exzessives Feiern, Suchtverhalten etc.) zeigen Verspielte demgegenüber selten.

Humor kann helfen, den Stress des Alltags zu managen. Doch werden Sie nicht albern und auch nicht zum Clown am Arbeitsplatz. Trainieren Sie einen wohl dosierten und vor allem einen niveauvollen Humor, denn auch beim Humor „macht allein die Dosis das Gift".

Hilft Weinen dabei, Stress zu bewältigen?
Weinen aus Trauer, Wut, Enttäuschung, aber auch vor Rührung und Freude: Es gibt Geschichten, die uns dazu bringen, traurig zu sein und manchmal auch dazu, dass wir weinen.

Wir konzentrieren uns hier nicht auf die freudigen oder traurigen Ereignisse und auch nicht auf die depressiven Zustände, sondern auf das Weinen im beruflichen Kontext: Überforderung in der Rezeptur, zu viele Aufgaben, Zeitstress, ein anspruchsvoller Kunde, ein aufgebrachter Chef oder eine heftige Unstimmigkeit im Team.

Hilft das Weinen im Stressmanagement genauso gut wie das Lachen und der Humor? Sind Ärger, Enttäuschung und Stress unsere Tränen wert?

Weinen ist im Gegensatz zum Lachen eine recht intime Emotion, die wir nicht vor Anderen zeigen wollen, denn sie zeigt uns hilflos, verzweifelt, traurig und nicht selten im wahrsten Sinne „ungeschminkt".

Frauen weinen häufiger als Männer und auch aus unterschiedlichen Gründen. Auch interkulturell findet man Unterschiede in der Häufigkeit des Weinens. Ob eine Person, wenn sie von einer bestimmten Emotion überwältigt ist, nun aber tatsächlich weint oder nicht, hängt auch noch von weiteren Faktoren ab: zum Beispiel von persönlichen (Selbstwahrnehmung, physische Verfassung und Persönlichkeit), demographischen (Alter und Geschlecht) und situativen (Anwesenheit anderer Personen) Merkmalen.

Weinen ist im Stressgeschehen weder notwendig, noch unnütz
Wie jede Form der Stressbewältigung oder des Stressabbaus, kann auch der Weg durch das „Tal der Tränen" in manchen Situationen für den Betroffenen in dem gegebenen Moment hilfreich sein.

Mit zunehmendem Alter sollten wir uns allerdings auch der weiteren Nachwirkungen unseres emotionalen Handelns jeder Art im Klaren sein: Ein Tränenausbruch vor dem gesamten Team prägt sich weit mehr in die Köpfe der Belegschaft als ein herzhaftes Lachen und Freude.

Es gibt darüber hinaus diverse Ansätze, inwieweit das Weinen bei der Bewältigung von Trauer oder traurigen Ereignissen hilft, aber leider sind viele davon noch nicht eindeutig wissenschaftlich bestätigt.

Und dennoch zeigt das Weinen einen Effekt, der auch im Bereich Stressmanagement von Bedeutung sein kann, denn Weinen gilt als Hilferuf!

Der Anblick einer weinenden Person ruft nämlich bei den Mitmenschen Reaktionen hervor. Diese Reaktionen können sowohl positiv als auch negativ sein. In den meisten Fällen lösen Tränen beim Gegenüber eher Mitleid als Aggression aus. Aber Mitleid ist kein Verständnis, keine Zustimmung, keine Einsicht: Das bestehende Problem wird nicht objektiv, sondern subjektiv in den Fokus gestellt. Durch Ihre Tränen wird Ihre Position in einem Team nicht klarer, Ihre Zukunft nicht besser und das Problem nicht verständlicher.

Das Weinen zeigt allerdings das Potenzial, eine stressauslösende Situation objektiv umzudrehen und zu beeinflussen: Etwa indem es bei der Gegenseite im Laufe einer Auseinandersetzung Sympathie erzeugt, die Aufmerksamkeit lenkt oder bei ihnen Aggressionen abbaut.

Weinen ist im beruflichen Kontext nicht wirklich hilfreich, psychisch entlastend und weiterführend, allerdings sind Tränen am Arbeitsplatz keine Seltenheit. Es liegt häufig am Kontext, dass manchmal schon ein sehr schwacher Reiz, wie z. B. eine Unstimmigkeit in Team ausreicht, Tränen zu erzeugen, während wir zu anderen Zeiten in der Lage sind, unsere Tränen angesichts ziemlich dramatischer Geschehnisse zu unterdrücken. [70, 64]

Weinen am Arbeitsplatz: Ein No-Go?

Nicht nur Humor kann eine Beziehung beständig und besonders machen, sondern auch traurige Emotionen, die wir zeigen, können uns mit anderen Menschen verbinden. Genauso, wie wir nicht jedem Menschen den Zugang zu unserer humorvollen Seite gewähren können und müssen, so ist es auch mit unserer traurigen Seite. Auch wenn Ihnen im beruflichen Kontext, sei es während der Arbeit, im Mitarbeitergespräch oder in einer Teamsitzung nach Weinen zumute ist, versuchen Sie, Ihre Emotionen soweit es geht zu kontrollieren, denn das hilft Ihnen häufig mehr, als es Ihnen schadet. Und, ja: Weinen unterdrücken zu müssen, ist Emotionsarbeit, die einen zusätzlichen Stress erzeugt. Doch so schwer es Ihnen auch fallen mag: Statt Ihren Emotionen einen freien Lauf zu lassen, versuchen Sie lieber klar, sachlich und argumentativ gegen die Stressauslöser im Team vorzugehen. Denn wenn Ihre Argumentation nicht hilft, würden auch die Tränen, die Sie vor Ihren Kollegen vergießen, ganz gewiss nicht oder allenfalls nur kurzfristig helfen.

Aber besonders dann, wenn Ihr Problem nicht der Arbeitsplatz ist, sondern Ihr Privatleben, das Sie dazu bringt am Arbeitsplatz zu weinen, sollten Sie sich an eine Vertrauensperson wenden, die Sie in dieser traurigen Situation herzlich unterstützt. Und das kann auch eine liebgewonnene Kollegin oder ein Kollege, der Vorgesetzter oder der Apothekeninhaber sein.

Wenn alle Stricke reißen und Sie merken, dass Sie kurz davor sind, vor Ihrem Team in Tränen auszubrechen. Entschuldigen Sie sich und verlassen Sie den Raum, holen Sie sich ein Glas Wasser, laufen Sie durch die Apotheke, rufen Sie kurz jemanden an, der Ihnen Mut zuspricht oder Ähnliches. Tun Sie es sich zuliebe, motivieren Sie sich, stark zu bleiben. Und das schaffen Sie! Und möglicherweise haben Sie eine Person in Ihrem Team, die Sie dabei unterstützt, nicht ganz allein mit Ihrem Problem oder Ihrem Anliegen zu bleiben: Dieser Person sollten Sie ruhig die Einsicht in Ihre innere Verzweiflung gewähren.

Authentizität am Arbeitsplatz ist sehr wichtig, keine Frage! Dazu gehört auch, dass man sich emotional und menschlich zeigt. Doch der Arbeitsplatz ist immer noch eine professionelle Bühne, auf der wir auftreten. Starke Emotionen und Gefühle – und hier spreche ich von allen Emotionen, die im beruflichen Kontext uns überkommen können wie Ärger, Wut, Hass, Angst, aber auch Liebe und Zuneigung – können selten am Arbeitsplatz ohne Konsequenzen oder Nachrede gezeigt werden.

„Super girls don't cry!" – oder doch?

Forschungen zeigen, dass das Weinen dazu beitragen kann, die biologische Homöostase im Allgemeinen aufrechtzuerhalten, möglicherweise bewusst durch Selbstberuhigung durch gezieltes Atmen und unbewusst durch Regulierung der Herzfrequenz. Weinen hilft also möglicherweise den Betroffenen, sich selbst zu beruhigen und sich mit der aktuellen Emotion intensiver auseinanderzusetzen.

Tränen sind also nicht nur ein Signal für die Anderen – „Mir geht es schlecht! Bitte helft mir!", sondern auch gleichermaßen ein Signal für einen selbst „Ich bin an dem tiefsten Punkt angekommen! Hier muss ich raus! Mir geht es nicht gut, was kann ich tun?". Und deshalb ist doch das Weinen im erfolgreichen Stressmanagement gar nicht verkehrt.

Tränen sind ein Zeichen einer starken negativen Emotion: Trauer, Enttäuschung, Angst. Und deshalb denken Sie bitte daran: Unabhängig davon, wer vor Ihnen weint und welches Problem offenbart wird, sind wir in der Apotheke zum Schweigen verpflichtet, nicht nur gegenüber den Kunden, sondern gleichermaßen auch gegenüber den Kollegen.

3 Stress verstehen

Kurzfristiger Stress kann aktivieren und beflügeln, doch ein dauerhaft negativ empfundener Stress kann irgendwann zu einer vollständigen Erschöpfung führen. Das Thema Stress und dessen Wirkung auf den Menschen wird aus vielen Perspektiven untersucht und es gibt bereits auch ein breites Spektrum an Fachliteratur zu diesem Thema. In diesem Kapitel werden ein paar Modelle exemplarisch vorgestellt, die im Kontext des Stresserlebens relevant sind. Für die Beratung in der Apotheke ist es wichtig an dieser Stelle zu erwähnen, dass häufig ernsthafte psychische Erkrankungen mit „einfachem" Stress verwechselt werden. Nicht zuletzt aber auch deshalb, weil sie sich im Stress manifestieren können oder durch chronischen Stress hervorgerufen werden.

3.1 Psychologische Definitionen von Stress und seine Wirkung

In der Psychologie wird Stress als eine Person-Umwelt-Auseinandersetzung definiert, bei der die Anforderungen die eigenen Handlungsmöglichkeiten infrage stellen oder übersteigen. Die Einschätzung der Situation entscheidet darüber, in welchem Maße Stress subjektiv erlebt wird.

DEFINITION

Was ist Stress?
Stress ist ein ständiger Begleiter der Menschen und wird als jedes Ereignis definiert, in dem äußere oder innere Anforderungen die Anpassungsfähigkeit einer Person beanspruchen oder übersteigen.

Quelle: [36]

Heutzutage wird Stress noch differenzierter beschrieben und in generelle Alarm- und Stressantworten und stressorspezifische Reaktionen unterteilt. Stressoren, die sowohl bewusst als auch unbewusst auf den Menschen einwirken können, werden dabei nach ihrer Herkunft (endogen versus exogen) und nach Wahrnehmungsebenen (psychisch versus physisch) klassifiziert.

Stressfolgen und Reaktionen sind nicht auf den Bereich begrenzt, in dem sie entstanden sind: Stress aus dem privaten Bereich wirkt im beruflichen Leben nach und umgekehrt.

Stress beeinflusst sowohl den Körper als auch die Psyche

Chronischer Stress und Anforderungen des täglichen Lebens beeinflussen körperliche Prozesse auf molekularer Ebene, indem viele Prozesse sowohl gefördert als auch gehemmt werden können [58]. Die Dauer und die Häufigkeit der Stresssituationen, denen Betroffene ausgesetzt werden, sind dabei ausschlaggebend.

Die Wirkung von Stress auf die Gesundheit benötigt daher eine globale Betrachtungsperspektive, da die körperlichen Systeme nicht voneinander unabhängig funktionieren können.

Stress kann kurzfristige und langfristige Folgen haben. Dabei sind nicht nur die langfristigen Folgen des Stresses ernst zu nehmen, sondern auch das kurzfristige Stresserleben. Kurzfristiger Stress kann zwar aktivierend wirken, doch insbesondere im beruflichen Kontext kann es unter Stress zu Fehlern, aggressivem Verhalten, Konflikten oder zur nachlassenden Kundenorientierung kommen.

Ein dauerhafter und immer wiederkehrender Stresszustand kann im Weiteren ernsthafte gesundheitliche Beschwerden und diverse Erkrankungen nach sich ziehen (siehe Tabelle 4) [58].

Wirkung	Kurzfristige Reaktionen	Langfristige Reaktionen
Körperliche Ebene	Erhöhung des Blutdrucks und der Herzfrequenz Erhöhte Ausschüttung von Stresshormonen (Cortisol, Adrenalin)	Psychosomatische Beschwerden z. B. Bauch- und Kopfschmerzen, Ausbleiben der Regel, Unfruchtbarkeit, Rückenschmerzen, Haarausfall Infektanfälligkeit Verschlimmerung von chronischen Erkrankungen u. v. m.
Psychische und emotionale Ebene	Anspannung Frustration Panikattacken Innere Unruhe	Depressivität, Burnout Angstzustände Unzufriedenheit Schlafstörungen Suizidgedanken
Verhaltensebene	Schlechte Konzentration Fehler Leistungsabfall Unausgewogene Ernährung	Fehlzeiten Substanzabusus (Alkohol, Nikotin, Medikamente, Drogen) Essstörungen (Magersucht, Übergewicht)
Soziale Ebene	Erhöhte Reizbarkeit, Konflikte, Aggressionen, Sozialer Rückzug	

Tabelle 4: Kurzfristige und langfristige Stressfolgen

Stress gehört neben Rauchen, Übergewicht und Alkoholmissbrauch zu den sogenannten Risikofaktoren, die für die Entstehung diverser Erkrankungen psychischer und körperlicher Art verantwortlich sind. Im Gegensatz zu den anderen Risikofaktoren ist Stress nicht leicht zu messen und nicht immer direkt zu beeinflussen. Stress kann daher zu einer unsichtbaren gesundheitlichen Gefahr werden, die man nicht einfach von einem Tag auf den anderen abstellen kann.

EXKURS

Eustress: Positiver Stress am Arbeitsplatz

Stress kann positive Seiten haben. Im Gegensatz zum Distress – negativer Stress – ist Eustress anregend und aktivierend. Eustress wird erlebt, wenn die Stressoren nicht als Bedrohung, sondern als Herausforderung empfunden werden. Diese Herausforderung versetzt den Körper in eine erhöhte Aktiviertheit, die zu höheren Leistungen anspornt. Somit kann der Stress auch eine Quelle von Stolz und dem Erleben von Selbstbewusstsein sein.

Quelle: [32]

3.2 Theoretische Stressmodelle

Wissenschaftliche Stresstheorien bilden die Grundlage der Stressprävention, da sie die Probleme und Gefahren beleuchten, die Stressentstehung beschreiben, die Stressoren identifizieren und die Ressourcen aufzeigen. Psychologische Theorien helfen uns deshalb dabei, das Verhalten der Menschen zu erklären, zu verstehen und auch teilweise vorherzusagen.

Nachfolgend werden die wichtigsten Modelle, die im beruflichen Kontext relevant sind, vorgestellt.

Das Bewertungsmodell von Lazarus
Im Stressgeschehen kommt es dem Modell zufolge nicht auf den Reiz selbst, sondern auf die Bewertung der Situation oder des Reizes an. Eine Situation kann als bedrohend und dadurch stressig oder auch herausfordernd eingestuft werden. Je nachdem wie die Situation bewertet wird, wird entsprechend mit einer Strategie gehandelt. Es sind demnach nicht die Stressoren selbst, die einen Menschen in den Stress versetzen, sondern die Wahrnehmung und Empfindung.

Hier unterscheidet man zwei Bewältigungsformen:

- die problemorientierte Form (sogenannte instrumentelle Bewältigung): „Was kann ich tun?"
- die entspannende und emotionsbezogene Form (sogenante regenerative Form): „Wie kann ich die Folgen des Stresses mindern oder ausgleichen?"

Die Bewertung der Situation ist im Stresserleben sehr individuell und letztendlich auch dafür entscheidend, wie Menschen mit dem Stress umgehen können und ob sie an Stressoren zerbrechen oder an ihnen wachsen [36].

Das Vitamin-Modell
Dieses Modell impliziert, dass es bei vielen Arbeitsmerkmalen auf die Dosierung ankommt. Es gibt Aspekte, die keinen zusätzlichen Mehrwert bieten und die Zufriedenheit nicht erhöhen, wenn andere Merkmale fehlen. Ähnlich wie mit Vitamin C, dessen Wirkung nicht besser wird, wenn man die Dosis über die empfohlene Dosierung hinaus erhöht. Im Gegensatz dazu gibt es auch Vitamine, bei denen eine Dosissteigerung sogar zu negativen Effekten führen kann – vergleichbar mit Vitamin D oder K. So kann beispielsweise im beruflichen Leben ein „Mehr" an Mitgestaltungsmöglichkeiten oder eine schöne Arbeitsumgebung eine fehlende Wertschätzung oder eine schlechte Arbeitsorganisation nicht ausgleichen [71].

Das Modell der beruflichen Gratifikationskrisen
Dieses Modell geht davon aus, dass zwischen dem Einsatz und der Belohnung ein Gleichgewicht herrschen muss. Die Belohnung kann materiell sein, z. B. eine übertarifliche Bezahlung oder ein Gehaltsbonus, aber auch in Form von Lob, Anerkennung oder Wertschätzung. Mitarbeiter, die sich nicht ausreichend für ihr Engagement belohnt fühlen und ein Ungleichgewicht wahrnehmen, empfinden Stress, Frust und verlieren auf Dauer ihre Motivation. [65]

Das Anforderungs-Kontroll-Modell
Dieses Modell impliziert, dass es im Stressgeschehen auf die Kombination von Arbeitsanforderungen und Handlungsspielraum ankommt. Demnach werden hohe Anforderungen nicht als stressig empfunden, wenn die Mitarbeiter einen großen Handlungsspielraum bekommen. Werden die Vorgaben sehr streng von oben reglementiert und haben die Mitarbeiter wenig Möglichkeiten eigene Ideen bei der Bewältigung der Aufgaben beizusteuern, empfinden sie mehr Stress und Belastung bei der Arbeit [31].

Passung zwischen Person und Umgebung
Menschen empfinden Stress, wenn sie das Gefühl haben, nicht in eine bestimmte Umgebung hineinzugehören. Das ist die Kernaussage der Person-Environment-Fit-Theory [24].

Die Nicht-Passung kann zwei Aspekte betreffen:

- Die Anforderungen der Umwelt und die Kompetenzen, die der Mitarbeiter mitbringt, stimmen nicht überein, z. B. der Mitarbeiter bekommt Aufgaben, die ihn über- oder unterfordern.
- Die Bedürfnisse, die die Person hat, entsprechen nicht den Angeboten, die sie bekommt z. B. die Arbeitszeiten lassen sich nicht mit den familiären Verpflichtungen vereinbaren.

Entscheidend für das Stresserleben und das Stressmanagement sind die sozialen und die personalen Ressourcen. Je mehr Stressoren und Belastungsfaktoren eine Tätigkeit aufweist, desto schwieriger wird es allerdings – auch bei vorhandenen Ressourcen – dem Alltagstress entgegenzuwirken. Dauerhafter Stress, psychische Belastung und empfundenes Ungleichgewicht zwischen Leistung und Belohnung können krank machen und zum Burnout führen. [48, 32]

3.3 Burnout und Boreout: Erkennung und Behandlung

Die Arbeit nimmt einen großen Raum im Leben eines Menschen ein: Sie dient heutzutage nicht ausschließlich der Existenzsicherung, sondern gleichermaßen der Identitätsbildung. Viele Berufstätige verbringen mehr Zeit mit ihren Kollegen und Kolleginnen am Arbeitsplatz als mit den Freunden oder der Familie. Psychische Belastungen, die im Zusammenhang mit der eigenen Berufstätigkeit wahrgenommen werden, können zu Stresserleben und zur psychischen Erschöpfung führen, die gesundheitliche Beschwerden diverser Art begünstigen.

Kurzfristige Konfrontationen mit solchen Belastungen stellen in der Regel kein wesentliches Problem dar. Erst die permanente Wirkung von mehreren Faktoren gleichzeitig können negative Wirkungen sowohl auf den Mitarbeiter als auch mittelfristig auf das Unternehmen ausüben. Chronischer Stress und Überforderung kann sich negativ auf die Gesundheit auswirken und zu längeren Fehlzeiten am Arbeitsplatz führen. Mitarbeiter, die unter Zeitdruck arbeiten, können relevante Informationen übersehen und folgenreiche Fehler oder Unfälle bei der Arbeit erzeugen.

DEFINITION

Burnout

Burnout wird als Erschöpfungssyndrom infolge einer chronischen psychischen Beanspruchung bezeichnet.

Das Ausbrennen ist durch Symptome gekennzeichnet, die sich auf mehreren Ebenen manifestieren:

- auf emotionaler Ebene
- auf körperlicher Ebene
- auf kognitiver Ebene
- auf verhaltensbezogener Ebene

Quelle: [29, 61]

Individuelle Reaktion auf Belastungen

Erlebter Stress wird häufig mit Belastung gleichgesetzt. Die beiden Begriffe sollten jedoch nicht synonym verwendet werden. Belastungen sind objektive Faktoren wie Zeitdruck, hohes Arbeitspensum, Lärm oder Störungen bei der Arbeit. Stress ist dagegen die Reaktion auf die gegebenen Belastungen. Der Grad der individuellen Reaktion ist von den Merkmalen einer Person, der Situation oder auch von verfügbaren Ressourcen abhängig. Stresserleben ist demnach weitgehend individuell. Im beruflichen Kontext geht es bei der Beurteilung der psychischen Belastungen unter anderen um die Erfassung aller Stressoren im Arbeitsumfeld, die mit erhöhter Wahrscheinlichkeit zu Stressreaktionen führen können.

Belastungsquellen

Belastungen können mit der Aufgabe selbst oder mit der zu erfüllenden Arbeitsrolle zusammenhängen. Darüber hinaus können sie ihren Ursprung im sozialen oder materiellen Umfeld haben. In Zusammenhang mit der Arbeitsaufgabe ist beispielsweise zu klären, ob das Personal seinen Qualifikationen entsprechend eingesetzt ist oder ob es dauerhaft mit den zu erfüllenden Aufgaben überfordert ist. Störungen und Unterbrechungen, Zeitdruck und unklare oder widersprüchliche Vorgaben gehören ebenfalls zu den typischen Belastungen, die die Aufgabenerfüllung beeinträchtigen können. Weitere Belastungsfaktoren können sich aus sozialen Spannungen und Konflikten, Mangel an Anerkennung, starren Arbeitszeiten, fehlender Unterstützung im Team oder Sorge um den Arbeitsplatz ergeben.

Monotonie, Langeweile, Boreout

Monotonie wird generell als Zustand herabgesetzter Aktivität sowie des Erlebens von Müdigkeit und Schläfrigkeit beschrieben. Sie tritt bei gleichförmigen, kommunikationsarmen Tätigkeiten auf, die routinemäßig und stundenlang ausgeführt werden müssen. Im Handverkauf der öffentlichen Apotheke werden Mitarbeiter äußerst selten mit solchen Situationen konfrontiert. Häufiger dagegen können monotone Arbeiten im Bereich der Arzneimittelherstellung und Abfüllung anfallen. Besonders im Bereich der sterilen Herstellung von Arzneimitteln, bei der die Kommunikation mit Kollegen nur begrenzt möglich ist, die Daueraufmerksamkeit auf Seiten des Mitarbeiters gefordert wird und der Bewegungsradius oder die Möglichkeit der spontanen Änderung der Haltung sehr eingeschränkt sind, können monotone Tätigkeiten den Mitarbeiter psychisch belasten.

Auch erfahrene und engagierte Mitarbeiter, die für eine Tätigkeit überqualifiziert sind, können aufgrund der chronischen Unterforderung ihre Motivation und Freude an der Arbeit verlieren und auf Dauer ihre Arbeitskraft und ihr Engagement reduzieren.

Unfall- und Fehlergefahr durch Monotonie

Analog zum Stresserleben ist auch die Belastung, die durch monotone Tätigkeiten erlebt wird, individuell. Dennoch stellt Monotonie eine potentielle Gefahr dar, da sie sowohl die Leistung mindern, als auch die Reaktionsfähigkeit herabsetzen kann. Kurzfristig können Fehler und Unfälle die Folge sein. Langfristig hingegen kann eine chronische Unterforderung und Monotonie zu ähnlichen Beschwerden führen wie eine dauerhafte Überforderung.

Boreout: dauerhaft unterfordert

Im schulischen Bereich hat man die Folgen chronischer Langeweile im Unterricht auf den Erfolg der Schüler bereits früh erkannt. Im beruflichen Kontext sprechen Psychologen von Boreout, der als Folge einer chronischen Unterforderung am Arbeitsplatz definiert wird. Die Forschungen zur chronischen Unterforderung am Arbeitsplatz und ihren Folgen – sowohl für den Betrieb als auch für den Betroffenen selbst – stehen erst am Anfang. Einige mögliche Auswirkungen sind jedoch bereits ermittelt: Der Betroffene zeigt Desinteresse, wird depressiv und mit der eigenen Arbeit unzufrieden. Schließlich reduziert er seine Leistung auf ein Mindestmaß, was sich negativ auf die Effektivität und Qualität seiner Arbeit auswirkt. Ähnlich wie bei einer Überforderung können Fehlzeiten aufgrund gesundheitlicher Beschwerden entstehen und damit zusammenhängend organisatorische Probleme im Betrieb einhergehen.

Langeweile: Mitarbeiter beklagen sich selten

Das Phänomen Stress ist zu einem Modewort geworden: Keine Zeit zu haben wird heute vielfach als „Normalzustand" angesehen.

Demgegenüber klagt selten ein Mitarbeiter über Langeweile oder Unterforderung am Arbeitsplatz. Manche Betroffene entwickeln sogar Strategien, um die erlebte Langeweile am Arbeitsplatz zu verbergen und damit die Konfrontation mit dem Unverständnis im Team oder um mögliche Konsequenzen (Arbeitsplatzverlust) zu vermeiden. [61]

Balance zwischen Unter- und Überforderung

Der „Generalisten-Anspruch" kann sich, je nach Qualifikation der Mitarbeiter, auf verschiedene Weisen belastend auswirken. Mitarbeiter, die ihren Stärken entsprechend eingesetzt werden, beeinflussen positiv die Qualität der in der Apotheke angebotenen Leistungen. Einfache organisatorische Änderungen und Umstrukturierungen im Team können maßgeblich zur Verringerung der Monotonie und deren Folgen beitragen. Eine rotierende, den Interessen und Stärken der Mitarbeiter entsprechende Aufgabeneinteilung kann Abhilfe schaffen und mittelfristig einen positiven Einfluss auf das Teamklima ausüben.

Im Rahmen der psychischen Gefährdungsbeurteilung sind deshalb die beiden Aspekte (Stress und Monotonie) gleichermaßen zu berücksichtigen, um eine Balance zwischen Überforderung und Unterforderung im Betrieb herzustellen und letztlich dauerhafte Belastungen weitgehend zu reduzieren.

4 Stress bewältigen

In der heutigen Zeit ist eine strikte Abgrenzung zwischen Privatem und Beruf nicht wirklich möglich und häufig auch gar nicht das Ziel. Der Stress des Berufsalltags kann zum Stress im Privatleben führen und umgekehrt – ein ausgeglichener Arbeitsalltag kann das Privatleben bereichern. Unser Job ist ein Teil unserer Identität und in den meisten Fällen entspricht auch der gewählte Beruf den Interessen und der Eignung der Person.

Der eigene Beruf hat also das Potenzial, unser Leben zu bereichern, vorausgesetzt wir können den an uns gestellten Anforderungen gerecht werden.

Um den Anforderungen und dem Arbeitspensum aus dem Berufs- und Privatalltag entsprechen zu können, haben viele von uns bereits gute individuelle Strategien entwickelt, aber dennoch fühlen sich viele noch vom Alltag gestresst.

Die Methoden, die ich Ihnen im Nachfolgenden vorstelle, sind deshalb Werkzeuge, mit denen Sie im Bereich Stressmanagement arbeiten können. Je vielfältiger die Werkzeuge sind und je häufiger Sie sie einsetzen, umso besser werden Sie und umso effektiver können Sie mit Ihrem Stress umgehen.

Um den beruflichen Stress zu minimieren, empfehlen sich Maßnahmen, die auf die Ebene des Verhaltens der Mitarbeiter (Verhaltensprävention) und der Verhältnisse am Arbeitsplatz (Verhältnisprävention) abzielen. Im Mittelpunkt der Maßnahmen zur Verhaltensprävention stehen die Mitarbeiter selbst. Im Rahmen von Stressmanagementseminaren wird der Umgang mit Belastungssituationen erlernt. Die Teilnehmer lernen dabei, die Stressoren zu reduzieren und zu relativieren. Die Verhältnisprävention zielt darauf ab, die psychischen oder psychosozialen Belastungen am Arbeitsplatz zu reduzieren. Hierbei sind ganzheitliche Maßnahmen zu empfehlen, die sowohl zur Optimierung der Arbeitsumgebung, als auch der Arbeitsaufgabe führen. Beispiel: Rotierender Einsatz der Mitarbeiter im Laufe des Arbeitstages, um einseitige Belastungen durch langes Stehen, Sitzen, komplexe Tätigkeiten und somit den körperlichen und mentalen Leistungsabfall im Tagesverlauf zu minimieren.

Eine erfolgreiche Stressbewältigung umfasst drei Ebenen [29]:

- Mentale Stressbewältigung
- Instrumentelle Stressbewältigung
- Regenerative Stressbewältigung

Im Folgenden werden die Aspekte der Stressbewältigung und die Ansatzmöglichkeiten im Kontext der Apotheke näher erläutert. Keine der nachfolgenden Methoden wird eine Ultimative sein, es wird keinen „Universallöser" und keinen Generalschlüssel geben, der alle Probleme des Alltags im Handumdrehen löst. Ich stelle Ihnen aber verschiedene Methoden vor, sodass Sie Ihren Anti-Stress-Strategiekoffer für diverse Situationen selbst zusammenstellen können.

4.1 Mentale Stressbewältigung

Alles was wir tun, wie wir uns verhalten und uns fühlen, ist durch unsere Psyche begleitet. Einige Probleme im Bereich mentale Belastung können wir selbst in den Griff bekommen durch Selbsthilfe. Ähnlich wie die Selbstmedikation bei körperlichen Beschwerden möglich ist, ist die Selbsthilfe bei psychischem Stress das Mittel der Wahl. Die wichtigste Strategie im Bereich mentale Stressbewältigung ist die Selbstmotivation. Ein psychisch und körperlich gesunder Mensch ist in der Lage, die psychische Befindlichkeit selbst zu optimieren und auch sich selbst zu motivieren. Es gibt Tage, an denen hinderliche Motive aus dem beruflichen oder auch privaten Umfeld die Motivation am Arbeitsplatz zu verdrängen versuchen, dennoch muss die Arbeit korrekt erledigt werden, denn dazu sind wir verpflichtet.

Motivation kommt nicht von allein, es ist eine Eigenleistung, die uns kein Anderer abnehmen kann. Unabhängig davon, was Sie motiviert zur Arbeit zu gehen, seien es die Aufgabe, die Kollegen oder das Geld, das Sie bei der Arbeit verdienen: Sie haben einen Grund, warum Sie arbeiten gehen und dieser Grund – auch wenn unscheinbar – sollte reichen, um sich selbst zu motivieren.

Motivation hängt im Wesentlichen mit Emotionen und Einstellungen zusammen: Schlecht gelaunte Menschen erlebt man selten motiviert am Arbeitsplatz. Hinzu kommt, dass die schlecht Gelaunten mit ihrer Laune auch die anderen Menschen anstecken können. Insofern, damit eine solche Ansteckung nicht das ganze Team befällt, sollte jeder Mitarbeiter und jede Führungskraft an der eigenen Laune und Motivation arbeiten. Denn letztendlich ist es keinem damit gedient „keine Lust zu haben" und den Tag unmotiviert am Arbeitsplatz zu verbringen.

Im Bereich mentale Stressbewältigung geht es insbesondere darum, die Emotionen professionell zu managen und stresserzeugende Erwartungen und Bewertungen kritisch zu hinterfragen, damit die mentalen Anforderungen nicht zur Belastung werden (siehe Abbildung 1).

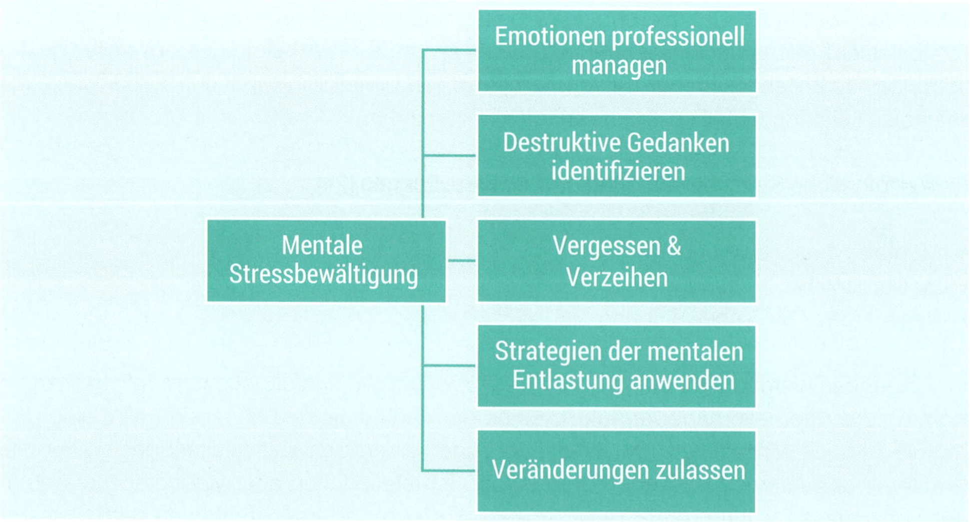

Abbildung 1: Aspekte des mentalen Stressmanagements

4.1.1 Emotionsarbeit professionell managen

Emotionsarbeit stellt neben den pharmazeutischen Tätigkeiten einen großen Teil der Arbeit in Dienstleistungsberufen dar. Die eigenen Emotionen müssen professionell kontrolliert werden, um den Kunden einen erwünschten Gesichtsausdruck präsentieren zu können.

Emotionsarbeit kann sowohl eine positive als auch eine negative Wirkung auf alle, die im Kunden- und Patientenkontakt stehen, ausüben: Das betrifft die gesamte Dienstleistungsbranche unter anderem auch die Apothekenmitarbeiter und Angehörige der Gesundheitsberufe, aber auch Lehrer, Trainer, Coaches etc.

Das Charakteristische an Emotionsarbeit ist, dass diese weder direkt bezahlt wird, noch lagerfähig ist. Man kann nicht die Emotionen im Angebot zu guten Konditionen kaufen: Sie sind ad hoc zu leisten und das kann stressen! Ebenfalls können die Emotionen im Alltag nicht quantifiziert werden, sie sind sehr subjektiv und müssen individuell an jeden Kunden und jede Situation angepasst werden.

Eine schlechte Emotionsarbeit kann letztendlich sogar eine hervorragende fachliche Arbeit zunichtemachen. Ein guter Service und eine optimale Kundenbindung in der Apotheke ist daher ein Zusammenspiel aus Emotionsarbeit und Fachkompetenz der Apothekenmitarbeiter.

Der Kunde bleibt der König!

Unsere Kunden sind das Zentrum unserer Bemühungen: Ohne Kunden und Patienten kein Geschäft! Bleiben die Kunden weg und muss die Apotheke schließen, ist nicht nur der Inhaber von der Situation betroffen, sondern gleichermaßen auch die Mitarbeiter. Das dürfte allen klar sein. Apotheken sind allerdings keine „normalen" Geschäfte, sie verkaufen keine Luxuswaren, sondern sollen eine zuverlässige Versorgung mit Arzneimitteln aufrechterhalten. Zur Versorgung gehört nicht nur der eigentliche Verkauf oder die Herstellung der Arzneimittel, sondern ebenfalls die dazugehörige Beratung. Auch diese Aufgabe ist gesetzlich in der Apothekenbetriebsordnung im § 20 verankert.

Insofern es ist nicht nur ein Service und Freundlichkeit unserseits, sondern eine Pflicht, den Kunden verständlich zu beraten und ausführlich zu informieren. In der Tat ist es manchmal keine einfache Aufgabe in schwierigen Situationen gelassen zu bleiben, dennoch gehört es zu unserem Job dazu, alle Kunden – auch die Verärgerten, Unfreundlichen und Verunsicherten – ebenfalls kompetent und professionell aufzufangen.

TIPP FÜR DEN ALLTAG

Ruhe in Grenzsituationen bewahren

Droht ein Kundengespräch zu eskalieren, denken Sie daran:

- Schwierige Kunden sind eine Ausnahme!
- Diese Situation ist nur von einer kurzen Dauer: Der Kunde verlässt gleich wieder die Apotheke. Es wird Ihnen nicht besser gehen, wenn Sie auf seine Emotionen einsteigen und ihm gegenüber genauso unfreundlich werden, wie er Ihnen gegenüber ist! Im Gegenteil: Die Tatsache trotz „unverschämter" Kunden gelassen zu bleiben, ist ein gutes Zeugnis Ihrer sozialen Kompetenzen.

- Andere Kunden hören (auch) Konfliktgespräche mit: Auch wenn Sie denken, Sie seien gerade im Recht, ist es aus der Sicht der anderen Kunden, die sich gerade in der Offizin aufhalten nicht selbstverständlich, dass sie es genauso sehen wie Sie selbst. Hoffen Sie nicht auf die Zustimmung der anderen Kunden: Es ist Ihre Aufgabe, die Emotionen zu managen und die Situation zu beherrschen!
- Wir sind die Experten in der Apotheke und dafür da, den Kunden das Wissen kundengerecht zu vermitteln: Gehen Sie nicht davon aus, dass der Kunde die gesetzlichen Bestimmungen zu Arzneimittel- und Hilfsmittelbelieferung kennt, auch wenn diese schon seit vielen Jahren gelten: Ängste und Unsicherheiten spiegeln sich häufig im aggressiven Verhalten wider.
- Wenn Sie merken sollten, dass Ihre Kollegin mit einem Konfliktgespräch überfordert ist und die Situation aus den Fugen zu geraten droht, unterstützen Sie sie und versuchen Sie, die Stimmung neutral und professionell zu besänftigen.

Trauer, Zusatzverkauf, Konflikte – wann leisten Apothekenmitarbeiter die Emotionsarbeit?

Es gibt viele Situationen in der Apotheke, die eine Emotionskontrolle im Handverkauf erfordern und im Kundenkontakt souverän gemanagt werden müssen. Zum einen kann es die Arbeit mit schwierigen und ungeduldigen Kunden sein oder die Konfrontation mit traurigen und bewegenden Kundengeschichten, mit ihren schweren Erkrankungen und Tod. Zum anderen aber auch beispielsweise ein gerade ausgetragener Ärger und Teamkonflikte im Back-Office oder mit dem Vorgesetzten oder dem Mitarbeiter. Aber nicht nur die genannten Situationen erfordern Emotionsarbeit und Emotionskontrolle, denn genauso belastend ist die Emotionsarbeit im Verkaufsprozess, wenn beispielsweise Apothekenmitarbeiter Produkte verkaufen müssen, hinter denen sie gar nicht stehen.

Wie gestaltet man die Emotionsarbeit, damit sie nicht belastet?

Tätigkeiten und Aufgaben, die dem Mitarbeiter als bedeutsam erscheinen, wirken sich positiv auf seine Stimmung aus. Der soziale Kontext und das Gefühl, gebraucht zu werden, kann die Belastung durch die Emotionsarbeit bereits mindern.

Die wichtigste Kraftquelle in beruflichen Kontext stellt allerdings das eigene Team dar: Wenn der Mitarbeiter nach einem unangenehmen oder schwierigen Kundenkontakt Verständnis von Seiten des Teams erhält und die wahren Emotionen im vertrauten Rahmen zeigen darf, kann er die eigenen Emotionen am effektivsten verarbeiten und über sie hinwegkommen. Ist es nicht der Fall und muss er auch vor seinem Team die wahren Emotionen unterdrücken, erlebt er eine dauerhafte emotionale Dissonanz. Über eine längere Zeit „gute Miene zum bösen Spiel" machen zu müssen, ist ein starker mentaler Belastungsfaktor, der die Motivation, die Einstellung zur Arbeit und generell die Qualität der Leistung negativ beeinflussen kann. Insofern ist ein gutes Arbeitsklima im Sinne des gesamten Teams, denn jeder Einzelne ist auf diese Ressource angewiesen.

Unabhängig von den sozialen Ressourcen, gibt es auch Strategien zum besseren Management der eigenen Emotionen (siehe Tabelle 5).

Strategien zum Management der Emotionsarbeit	
Psychologische Strategien	Oberflächenhandeln; Tiefenhandeln: Stanislawski Technik, Kognitive Umdeutung, Entspannung; Einstellung zur Tätigkeit.
Arbeitsorganisatorische Maßnahmen	Maßnahmen zur Vermeidung von Stressoren; Stärkung der Ressourcen

Tabelle 5: Möglichkeiten des Managements der Emotionsarbeit. [47, 48]

Psychologische Strategien

Forschungen im Zusammenhang mit der Emotionsarbeit nennen relevante Aspekte, die im beruflichen Kontext veränderbar und beeinflussbar sind:

- die gewählte Form der Emotionsregulation: Oberflächenhandeln vs. Tiefenhandeln,
- die Einstellung zu der eigenen Tätigkeit und zu den gezeigten Emotionen.

Apothekenmitarbeiter, die davon überzeugt sind, dass die Kundenorientierung zum guten Kundenservice und zum Teil ihrer Aufgaben dazugehört, werden weniger Belastung durch die Emotionsarbeit empfinden. Darüber hinaus ist eine emotionale Erschöpfung weniger wahrscheinlich, wenn die Emotionen und die Gefühle, die im Gespräch mit den Kunden gezeigt werden, nicht vorgespielt, sondern auch tatsächlich empfunden werden.

Als Beispiel: In Ihrer Apotheke veranstalten Sie einen Kosmetik-Aktionstag. Sie sind im Beratungsgespräch mit einer Kundin, die sich für eine teure Creme interessiert. Sie haben für diesen Aktionstag sehr viel Ware eingekauft, die jetzt dringend verkauft werden müsste. Wenn Sie selbst von dieser Kosmetiklinie und von den Produkten überzeugt sind, wird es Sie am Ende des Tages – wenn es Ihnen gelungen ist, die Produkte zu verkaufen – freuen, dass Sie auch Ihre Kunden von dieser Marke überzeugen konnten. Sie werden auch keine Sorge haben, dass die Kunden Ihnen nun die Produkte zurückbringen, weil sie mit ihnen nicht zufrieden sind. Sie sind erfreut und nicht emotional belastet.

Wenn Sie allerdings diese Kosmetiklinie selbst nicht gut finden und Sie die Produkte Ihren Kunden nur „angedreht“ haben, sind Sie möglicherweise am Ende des Tages emotional erschöpft und vielleicht auch ein wenig besorgt, dass Sie den Kunden ein wenig „über den Tisch gezogen haben“.

„Oberflächen-“ beziehungsweise „Tiefenhandeln“

Psychologen sprechen im Zusammenhang mit Emotionsarbeit von Oberflächen- bzw. Tiefenhandeln. Beim Oberflächenhandeln werden die erlebten Emotionen lediglich „kaschiert“ beziehungsweise unterdrückt. Beim Tiefenhandeln hingegen werden die Emotionen umgedeutet und aus einer anderen Sichtweise betrachtet.

Das Tiefenhandeln wird nicht nur mit geringeren negativen Konsequenzen der Emotionsarbeit bei den Dienstleistern in Verbindung gebracht, sondern auch mit einer besseren Arbeitsleistung und einer höheren Kundenzufriedenheit.

Wie gelingt das Tiefenhandeln?
Empathie ermöglicht eine einfühlsame Kommunikation und kann auch viele Situationen ins Positive lenken. Doch nicht immer empfindet man direkt Empathie und nicht immer ist Verständnis für die Situation des Kunden oder des Teamkollegen mental für einen selbst verfügbar. Dennoch sollten die Apothekenmitarbeiter professionell ihre Gefühle managen und unterdrücken können .

Das sogenannte Tiefenhandeln ist die empfohlene Technik, um mögliche negative Folgen der Emotionsarbeit zu vermeiden. In einer kritischen Situation – sei es ein unangenehmes und schwieriges Kundengespräch oder aber eine Auseinandersetzung mit einem Teamkollegen – hilft es sehr, die Situation umzudeuten und sich etwas anders vorzustellen.

Dazu beschreiben Psychologen folgende Möglichkeiten [47]:

[a] Stanislawski-Technik
[b] Kognitive Umdeutung
[c] Entspannung

[a] Stanislawski-Technik: Bei dieser Technik wird die eigene Aufmerksamkeit auf Dinge und Situationen gerichtet, die die entsprechenden erwünschten Gefühle und Emotionen hervorrufen. Manchmal sind es freudige, manchmal auch schwere und traurige Situationen, an die man sich erinnern muss, um empathische Gefühle erzeugen zu können.

Eine Alltagssituation:
Eine Kundin kommt in die Apotheke und erzählt Ihnen ausführlich über die umständliche und sehr verzweifelnde Kinderwunschbehandlung, in der sie sich zusammen mit ihrem Partner seit Monaten befindet. Sie ist Mitte Vierzig und möchte nun mit ihrem Partner eine Familie gründen. Sie selbst haben eine andere Einstellung zum Thema künstliche Befruchtung und auch eine andere persönliche Erfahrung und können ihr mit Ihrer pharmazeutischen Beratung wenig helfen. Und es fällt Ihnen schwer, Empathie ihr gegenüber zu empfinden, da Sie selbst (noch) nie in so einer Situation waren.

Auch viele andere Situationen können auftreten, in denen manche Apothekenmitarbeiter schlecht Empathie oder Verständnis empfinden können. Insbesondere sind es Erkrankungen, die eine psychische Ursache haben – wie zum Beispiel Magersucht, Depression, Zwang- und Angststörung, Alkohol- oder Tabakabhängigkeit etc. – denn viel zu häufig wird von den Patienten erwartet, dass sie sich zusammenreißen können und so ihre Probleme los werden.

Unabhängig von Ihrer Einstellung zum Thema und Ihrer persönlichen Erfahrung sollen Sie als Mitarbeiter des Gesundheitsdienstes jedem Kunden und Patienten gegenüber verständnisvoll auftreten. In Situationen, in denen es schwer fällt empathisch auf das Kundenproblem einzugehen, hilft die aus dem psychologischen Theater stammende Stanislawski-Technik. Diese Technik wenden Schauspieler an, um die Gefühle auf der Bühne real zu spielen.

TIPP FÜR DEN APOTHEKENALLTAG
STANISLAWSKI-TECHNIK

Was ruft bei Ihnen ähnliche Emotionen hervor?
Wenn Sie eine Situation nicht nachvollziehen können und es Ihnen schwer fällt sich in die Lage des Kunden zu versetzen, holen Sie sich Ihre persönlichen Erinnerungen oder Träume ins Gedächtnis:
- Was war (oder ist) Ihr größter Herzenswunsch?
- Was war (oder ist) Ihre größte Schwäche, Ihr größtes Problem?
- Was löst bei Ihnen ähnliche Gefühle aus?
- Wonach trachtet Ihr Sinn?
- Wie würden Sie sich persönlich fühlen, wenn Sie jemanden von Ihrem größten Herzenswunsch oder Ihrem Problem erzählen würden und Sie auf Unverständnis stoßen?

Mit dieser Technik gelingt es in den meisten Fällen, leichter Verständnis und Empathie für das Kundenproblem zu empfinden.

[b] Kognitive Umdeutung: Hierbei wird die Situation umbewertet und aus einer anderen Perspektive betrachtet. Durch die Änderung der Perspektive versucht der Apothekenmitarbeiter nicht die Ursache bei dem Kunden oder bei sich selbst zu finden, sondern führt sie auf die Situation oder die Umstände zurück, beispielsweise auf starke Schmerzen oder andere akute Beschwerden des Patienten. Auf diese Weise können Sie besser Mitleid und Verständnis für die Kundenreaktionen empfinden. Dieses erleichtert Ihnen „cool zu bleiben" und einigermaßen gelassen auf ein unfreundliches Verhalten des Kunden zu reagieren.

Eine Alltagssituation:
Ein Kunde bekommt ein Schmerzmittel auf einem Rezept verordnet und möchte das Rezept bei Ihnen einlösen. Sie nehmen das Rezept an, kontrollieren die Rabattverträge und stellen fest, dass Sie das Arzneimittel im Rahmen der Rabattverträge nicht beliefern können. Sie erklären Ihrem Kunden freundlich, dass Sie das Medikament zwar derzeit nicht haben, es aber zu heute Abend bestellen können. Ihr Kunde reagiert sehr verärgert „Nie haben Sie etwas da! Jedes Mal müssen die Medikamente bestellt werden!". Er ist wütend und wird unfreundlich, nimmt das Rezept mit und geht zu einer anderen Apotheke. Auch Sie sind verärgert und finden sein Verhalten Ihnen gegenüber nicht in Ordnung.

Unabhängig davon, ob es sich um ein Kundengespräch oder eine Besprechung im Team handelt, versuchen Sie sich in die Lage des Gegenübers zu versetzen. Gehen Sie davon aus, dass Sie Ihre Mitmenschen nicht durchschauen werden und Sie das Verhalten Anderer nicht punktgenau deuten können (auch wenn manche pseudopsychologische Verfahren dieses implizieren und auf dem Markt häufig als Schulungen von Trainer und Coaches angeboten werden). Was hinter den Verhaltensweisen jedes Einzelnen steckt, bleibt in der Regel uns verborgen.

Sehen Sie nicht den Kunden, sondern die jeweilige und aktuelle Situation für sein Verhalten verantwortlich. Stereotypisieren Sie Ihre Kunden nicht: Weder nach Kleidungsstil noch nach dem ausgeübten Beruf, dem Alter, der Herkunft oder dem Aussehen. Unsere Aufgabe in der Apotheke ist es, den Versorgungsauftrag im Sinne des Kunden zu erfüllen und nicht sich über einen – in unseren Augen – undankbaren Kunden aufzuregen.

TIPP FÜR DEN APOTHEKENALLTAG
KOGNITIVE UMDEUTUNG

Können Sie sich in die Situation des Kunden versetzen?
- Hat der Patient vielleicht starke Schmerzen oder andere Beschwerden?
- Hat er möglicherweise gerade in der Arztpraxis bereits eine sehr lange Zeit im Wartezimmer verbracht und möchte trotz seinen Beschwerden doch noch pünktlich zur Arbeit kommen?
- Haben Sie eine praktikable Lösung angeboten oder hat Ihre Erklärung den Kunden noch mehr verwirrt?
- Wie würden Sie sich fühlen, wenn Sie nicht „vom Fach" wären und an der Stelle des Patienten stünden?

[c] Entspannung: Erwartet Sie ein schwieriges Kunden- oder Mitarbeitergespräch, steigen Sie nach Möglichkeit körperlich und psychisch entspannt ein. Je entspannter Sie sind, desto leichter gelingt Ihnen ein freundlicher Gesichtsausdruck. Denn: Nicht nur psychische Erlebnisse, sondern auch eine körperliche Anstrengung können Emotionen und Gefühle sowohl positiv, als auch negativ beeinflussen (Erregungstransfer). [57]

Eine Alltagssituation:
Sie haben gerade mehrere schwere Kartons in den Keller der Apotheke gebracht und sind erschöpft vom Treppenlaufen und Kartonsschleppen. Nun erfahren Sie von Ihrer Kollegin, dass diese Bestellung von ihr fälschlicherweise bestellt und verbucht wurde und nun müssen die Kartons wieder aus dem Keller geholt und als Retoure an den Großhandel geschickt werden. Wie einfach gelingt es Ihnen, sich in einem solchen Moment „zusammenzureißen" und freundlich zu bleiben?

Eine körperliche Erregung kann die Aggressionsbereitschaft erhöhen, wenn sie beispielsweise von dem Betroffenen als Ärger oder Frust interpretiert wird. Der zeitliche Abstand zwischen der erlebten Erregung (hier: das Treppenlaufen) und einer Situation, die als Frust oder Ärger interpretiert wird (hier: eine Falschbestellung), ist für das daraus resultierende Verhalten oft entscheidend. [72]

Unfreundliches Auftreten ist häufig eine Art Projektion und „Luft ablassen". Berücksichtigen Sie dies bei den Kunden, bei Kollegen, wenn Sie Ihnen gegenüber unfreundlich und fahrig auftreten. Bleiben Sie freundlich, zählen Sie innerlich bis 10 und denken Sie daran, dass Sie sich selbst keinen Gefallen damit tun, wenn Sie nach dem Motto verfahren „wie man in den Wald hinein ruft, so schallt es heraus".

TIPP FÜR DEN APOTHEKENALLTAG
ENTSPANNUNG

Entspannung und Ruhe fördern freundliches Auftreten
Führen Sie keine schwierigen Gespräche und Telefonate zwischendurch.

Versenden Sie auch keine E-Mails in Aufregung, sondern versuchen Sie, soweit es die Situation erlaubt, vorher Entspannung zu finden.

Kühlen Sie Ihre Emotionen ab: Bitten Sie Ihre Kollegen, die Stellung im HV zu übernehmen, falls Sie gerade ein schwieriges Kundengespräch geführt haben.

Einstellung zu der eigenen Tätigkeit: „Faking in faith“

Auch in schwierigen Situationen versuchen die Apothekenmitarbeiter zuversichtlich, hoffnungsvoll und beruhigend auf den Kunden einzuwirken. Es ist nicht immer einfach, denn viele Situation sind sehr schwierig und unsicher – sei es eine schwere Erkrankung des Patienten oder eine weltweite Pandemie – und der Ausgang sehr ungewiss.

Dennoch sind wir Apothekenmitarbeiter der Überzeugung, dass der Kunde einen Anspruch auf eine einfühlsame und verständnisvolle Beratung hat, unabhängig davon, wie seine persönliche Prognose ausschaut: Denn alle von uns haben sicherlich schon Patienten in der Apotheke gehabt, die bereits palliativ versorgt und dennoch – wie durch ein Wunder – von der Krankheit geheilt wurden.

Viele Schicksäle der Kunden und deren Angehörigen gehen uns Apothekenmitarbeitern sehr nahe: Sei es eine Krebserkrankung, Suizid in der Familie oder ein schwerer Unfall, dennoch wollen wir unseren Kunden gegenüber zuversichtlich auftreten. Denn auch das ist eine Aufgabe der Apothekenmitarbeiter: Durch die Beratung und den Verkauf der Arznei- und Hilfsmittel, die Hoffnung auf Genesung oder zumindest auf die Linderung der Krankheitssymptome und Beschwerden zu stiften.

Eine Alltagssituation:
Eine Kundin mit krampfartigen Regelschmerzen braucht ein wirksames Mittel, um ihre Schmerzen zu lindern. Sie raten ihr zu einem homöopathischen Komplexmittel – Sie denken: „Es hilft nicht, aber schaden kann es auch nicht“. Sie selbst glauben nicht an die Wirkung der Homöopathika, Sie sind allerdings von Ihrem Vorgesetzten dazu aufgefordert worden, diese Mittel verstärkt zu empfehlen. Ihr Lächeln ist aufgesetzt und Sie sind möglicherweise selbst über sich verärgert, dass Sie jemandem falsche Hoffnungen auf schnelle Linderung der Beschwerden gemacht haben. Sicherlich werden Sie durch eine solche einmalige Beratung nicht direkt emotional ausbrennen, doch gehören solche Gespräche zu Ihrem täglichen Repertoire, kann es dazu führen, dass es Sie irgendwann mental sehr stark belastet.

Machtlosigkeit und Hilfslosigkeit sind große Stressoren, denen Sie durch das Gefühl, helfen zu können, entgegenwirken können. Je stärker Sie von Ihrer Tätigkeit überzeugt sind und hinter Ihrem Fachwissen stehen und auch daran glauben, dass Ihre Beratung dem Kunden helfen wird, die Beschwerden zu lindern, umso weniger emotional belastend ist es für Sie selbst.

Demnach kann eine emotionale Erschöpfung aufgrund der Emotionsarbeit durch eine entsprechende Einstellung und professionelles fachliches Handeln größtenteils verhindert werden.

TIPP FÜR DEN APOTHEKENALLTAG
EINSTELLUNG ZUR TÄTIGKEIT

Verkaufen Sie nur Produkte, von denen Sie selbst überzeugt sind
Informieren Sie sich über die Wirkung der Produkte, die Sie – neben den gängigen Arzneimitteln – im Apothekensortiment haben. Falls in Ihrer Apotheke regelmäßige Abverkaufsaktionen stattfinden, erarbeiten Sie in Ihrem Team einen kritischen und gut strukturierten Beratungsleitfaden zu den jeweiligen Produkten. Falls Sie sich von einem Thema distanzieren, überlassen Sie eine Beratung jemanden aus Ihrem Team, der sich auf diesem Gebiet gut auskennt und sich für die Produkte begeistern kann.

Arbeitsorganisatorische Strategien

Je besser die Organisation am Arbeitsplatz, desto weniger wahrscheinlich ist Ärger und Kritik nicht nur von Seiten der Kunden, sondern auch der Kollegen.

Neben der Überzeugung und Einstellung zu der Tätigkeit sowie anderen bereits vorgestellten psychologischen Strategien zur Minderung der Belastung im Zusammenhang mit der Emotionsarbeit, gibt es deshalb auch arbeitsorganisatorische Möglichkeiten der Entlastung wie zum Beispiel:

- Vermeidung der Stressoren
- Stärkung der Ressourcen.

Wie können die Stressoren vermieden werden?

Sicherlich gibt es viele Situationen, die zu Spannungen führen, die nur einmalig auftreten und für die keine generelle Lösung vorgeschlagen werden kann. Es gibt aber auch immer wiederkehrende Situationen, die zum Ärger von Seiten der Kunden führen und die Apothekenmitarbeiter auf die Geduldsprobe stellen. Um solche ärgerlichen Situationen zu vermeiden, lohnt es sich ein Beschwerdebuch zu führen, das dazu genutzt werden kann, Verbesserungen und innovative Lösungen auf den Weg zu bringen.

Zu den im Apothekenalltag bekannten Stressoren gehört beispielsweise die Aussage „Nie haben Sie etwas da! Ich muss immer ein zweites Mal kommen, weil Sie die Arzneimittel bestellen müssen!". Nicht immer ist es möglich alle Arzneimittel vorrätig zu halten, aber es ist durchaus möglich, eine Vorbestellungsplattform und Botendienste verstärkt anzubieten.

Je offener Sie die Kritik Ihrer Kunden im Team kommunizieren, umso besser können Sie als Team werden. Eine solche Kritik – auch wenn Sie sich nur an einen Mitarbeiter richtet – ist eine Chance, besser zu werden. Solange Kunden mit Ihnen kommunizieren, haben Sie immer noch die Möglichkeit, Ihren Fehler souverän wiedergutzumachen.

TIPP FÜR DEN APOTHEKENALLTAG
STRESSFREIER UMGANG MIT KRITIK & ÄRGER

Seien Sie dankbar für jede Kundenbeschwerde
Kunden, die sich beschweren, erwarten eine Wiedergutmachung, Erklärung oder Entschuldigung. Ärger abzubekommen ist nie eine angenehme Situation. Allerdings können Sie Ihre sozialen Kompetenzen hervorragend präsentieren und haben dadurch die Chance, einen verärgerten Kunden wiederzugewinnen. Beschweren sich die Kunden nicht, sondern kehren sie Ihrer Apotheke den Rücken zu, werden Sie Ihren Fehler nie erfahren – dafür aber sicherlich Ihre Konkurrenz und vielleicht auch andere Kunden.

Zerbrechen Sie nicht an Kritik, reagieren Sie freundlich und professionell.

Doch vor allem: Nutzen Sie die Beschwerde, um Ihren Service zu verbessern.

„Blinde Flecken"- Warum Kritik auch für Sie selbst wichtig ist

Selbstsicherheit kann man dadurch steigern, dass man sich den eigenen Stärken und Schwächen bewusst ist. Unser Selbst besteht aus persönlichen Geheimnissen, die wir nicht preisgeben und die nur uns selbst zugänglich sind. Unsere Verhaltensweisen, unser äußeres Erscheinungsbild oder unsere Umgangsformen sind öffentlich zugänglich und diese können wir allerdings bewusst steuern und entsprechend sozial-erwünscht gestalten. Doch zu unserem Selbst gehören auch die sogenannten „blinden Flecken".

Blinde Flecken sind unsere Eigenschaften, die uns selbst nicht bewusst sind, aber von Anderen wahrgenommen werden, wie zum Beispiel:

- Gestik, Mimik, Blick, Art der Sprache;
- arrogantes Auftreten oder Verhaltensweisen;
- belehrende Kommunikation;
- unterwürfiges Verhalten etc.

Um diesen Teil des Selbstbilds zu erforschen, ist ein Feedback von Anderen – Kollegen, Kunden, Vorgesetzten – notwendig. Kritik, Verärgerung und Konflikte können deshalb helfen, solche blinden Flecke zu erkennen und ermöglichen eine Persönlichkeitsentwicklung.

Wie können die Ressourcen gestärkt werden?

Situationen, die belastend wirken, können durch die Erhöhung des Handlungsspielraums vermieden werden. Mitarbeiter, die nicht wegen jeder Kleinigkeit den Vorgesetzten oder die Kollegen um Meinung fragen müssen, erleben auch weniger Stress und ernten auch mehr Anerkennung beim Kunden.

Grundlage dafür ist das Vertrauen, das die Vorgesetzen ihren Mitarbeitern schenken, aber auch klare Kommunikation und eindeutige Vorgaben.

Eine weitere Option zur Stärkung der Ressourcen im Bereich Emotionsarbeit ist die Erweiterung der sozial-kommunikativen und auch der fachlichen Kompetenzen. Die sogenannten Schlüsselqualifikationen (soft skills) sind inhaltsübergreifende Kompetenzen, die es uns ermöglichen, die Anforderungen im Berufs- und Alltagsleben erfolgreich zu bewerkstelligen. Zu ihnen gehören Empathie, Toleranz, Umgang mit Stress, Offenheit für Neues, Konfliktfähigkeit, Kompromissbereitschaft und vieles mehr. Schlüsselqualifikationen beeinflussen nicht nur unsere Motivation, Emotion und unser Verhalten, sondern erleichtern auch ein effektives und zielführendes Gespräch. Solche Kompetenzen können im Rahmen von Teamfortbildungen und Trainings erfolgreich ausgebaut werden. [32, 47]

TIPP FÜR DEN APOTHEKENALLTAG

OFFENHEIT FÜR NEUES

Nutzen Sie Ideen Ihrer Kollegen – anstatt der Einstellung „Das haben wir schon immer so gemacht!"

Nicht nur Kundenbeschwerden, sondern auch Beschwerden aus dem Team sollen als Anlass genommen werden darüber nachzudenken, wie man solchen Ärgernissen aus dem Weg geht. Erfolgreiche Konzerne engagieren Headhunter und scheuen sich nicht, Talente anderen Unternehmen „abzuwerben", um deren Erfahrung für sich zu nutzen und Innovationen voranzutreiben. Nutzen Sie daher den Erfahrungsschatz und das Potenzial Ihres Teams: Seien Sie offen für Ideen, die erfahrene Kollegen mitbringen.

Neue Mitarbeiter sind eine zusätzliche Ressource für das Team: Sie nehmen Arbeit ab und können zudem durch ihre Erfahrungen und ihr Wissen dazu anregen, über Routinen und Prozesse im Betrieb nachzudenken.

4.1.2 Destruktive Gedanken identifizieren

Im beruflichen Kontext entsteht Stress nicht nur durch Konflikte oder hohe Anforderungen von außen, sondern nicht selten auch durch eigene Vorstellungen, Annahmen und automatische Gedanken. Werte, Glaubensätze, Annahmen und Überzeugungen spielen im mentalen Stressgeschehen eine wichtige Rolle, denn nicht selten hindern sie daran, konstruktiv zu denken.

Werte begleiten, motivieren und zeigen uns, was bedeutsam ist und sie machen auch unsere Persönlichkeit aus. Insbesondere wenn wir auf Menschen treffen, für die andere Werte bedeutsam sind, können Konflikte entstehen.

Welche Gedanken sind hinderlich?

Automatische Gedanken rauben Energie, lenken von der Arbeit ab, begünstigen Unaufmerksamkeit und blockieren nützliche Gedanken und sie sind daher kontraproduktiv.

„Der Kollege hat mich nicht gegrüßt – Er hat was gegen mich!", „Die Kolleginnen flüstern irgendetwas – Sie reden über mich!", „Der Kunde wollte eine andere Kollegin sprechen – Der Kunde hält mich für wenig kompetent", „Der Chef hat mir auf meine Beschwerde-E-Mail nicht geantwortet – Jetzt ist er sauer auf mich, mein Job ist in Gefahr."

Solche automatischen Gedanken sind hemmend und wenig hilfreich, sie beeinflussen unsere Gefühle, Emotionen, Verhaltensweisen und Wahrnehmungen. Automatische Gedanken sind erlernt durch Erziehung oder auf der Grundlage früherer Erfahrungen. Solche Überzeugungen führen nicht selten zu Stress und dem Streben nach Perfektion, Anpassung, Anerkennung und Wertschätzung. Glaubensätze lassen in unserem Kopf einen Film ablaufen, dessen Plot wir zu kennen behaupten.

Glaubensätze sind Ergebnisse der Erfahrungen und Schlussfolgerungen. Sie sind nicht allgemein gültig und schon gar nicht wissenschaftlich belegt, dennoch werden solche gedanklichen Konstruktionen selten hinterfragt. Solche hinderlichen Gedanken kann man mit der Methode der kognitiven Umstrukturierung bändigen. Kognitive Umstrukturierung ist ein langwieriger Prozess. Die Glaubensätze werden selten ausgelöscht, sondern lediglich entkräftigt und umformuliert. Ziel einer kognitiven Umstrukturierung ist es deshalb, durch einen inneren Dialog das Hinterfragen zu fördern, und die Gedanken zu entschärfen.

„Ist es wirklich so, wie ich es annehme oder ist es nur meine Vorstellung?"
„Welche Indizien sprechen dafür, dass ich mit meiner Überzeugung richtig liege?" „Was kann ich selbst in der gegebenen Situation tun, um mich durch die Gedanken nicht verunsichern zu lassen?"

Stressverschärfende Denkmuster ablegen

Es ist nicht einfach, festeingefahrene Muster, die ein Teil des Selbst geworden sind, von einem Tag auf den anderen abzulegen. Gerd Kaluza entwickelte ein multimodales Stressmanagementtraining, das unter anderem die mentale Komponente der Stressbewältigung umfasst. Ein Aspekt des Trainings ist es, stressverschärfende Denkmuster zu erkennen und die förderlichen Muster in den Gedankengang zu integrieren.

STRESSVERSCHÄRFENDE DENKMUSTER NACH KALUZA [29]

„Das gibt's doch nicht! Immer nur ich!" -Denken
Sich in Frust hineinsteigern, mit der Realität hadern.

„Pessimistisch Blick auf das Negative lenken"
Einseitig negative Aspekte der Situation wahrnehmen.

Defizit Denken
Einseitig eigene Defizite, Schwächen und Misserfolge wahrnehmen.

Negatives Konsequenzen-Denken
Einseitig mögliche Konsequenzen und Misserfolge ausmalen (Katastrophisieren).

Personalisieren
Äußere Situationen oder das Verhalten Anderer zu persönlich nehmen
Sich vorschnell betroffen, angegriffen, verantwortlich, beschuldigt oder schuldig fühlen.

Niemand kann allen Ansprüchen langfristig auf allen Ebenen genügen. Es ist wichtig, den mentalen Druck abzulegen und den eigenen Weg, soweit man kann und möchte, zu gehen. Dieser Weg muss zur Persönlichkeit, zu der individuellen Situation und zu den Möglichkeiten passen. Revidieren Sie Ihre Ziele, hinterfragen Sie Ihre Werte, legen Sie hinderliche Überzeugungen ab. Und streben Sie nicht nach Anerkennung durch Menschen, bei denen Sie sich dauernd unter mentalem Druck beweisen müssen: Dieser Balanceakt ist energieraubend und nicht zukunftsfähig und es ist eine Frage der Zeit, bis Sie mental ausbrennen.

TIPP FÜR DEN APOTHEKENALLTAG

Wie gelingt eine kognitive Umstrukturierung? [21]

Wie können Sie die Glaubensätze, Überzeugungen und kontraproduktiven Gedanken verändern und aus dem gedanklichen Repertoire verbannen?

- **Reinterpretieren Sie Ihre Überzeugungen**
  Versuchen Sie, negative Gedankengänge in positivere umzuformulieren. Stellen Sie die Gedanken auf den Kopf und versuchen Sie, die humorvolle Seite der Angelegenheit zu sehen.
- **Sprechen Sie über die Gefühle** oder schreiben Sie sie auf, machen Sie Ihren Emotionen Luft.
- **Konzentrieren Sie sich auf Ihre Stärken und Erfolge**
  Nehmen Sie Ihre Schwächen als gegeben wahr, akzeptieren Sie sie oder arbeiten Sie daran sie zu eliminieren.
- **Ziehen Sie sich ruhig selbst durch den Kakao**
  Warten Sie nicht darauf, bis jemand Ihren wunden Punkt entdeckt: Bauen Sie kontinuierlich Ihre Stärken aus, präsentieren Sie Ihre Schwächen und machen Sie sie zu Ihrer Marke.
- **Lassen Sie sich nicht verunsichern**
  Lassen Sie Ihre Arbeit durch andere Experten beurteilen, bevor Sie sich die Kritik zum Herzen nehmen. Überprüfen Sie Ihre Ansprüche und Erwartungen. Halten Sie Ihre Ziele vor Augen und lenken Sie Ihr Blick auf Menschen und Dinge, die Ihnen guttun.
- **Schreiben Sie ein Gedankentagebuch**
  In einem Gedankentagebuch beschreiben Sie die Situation, den automatischen Gedanken, die Gefühle, den funktionalen Gedanken und – wenn sich die Sache, mit der Sie sich den Kopf zerbrochen haben, geklärt hat – das Ergebnis. Auf diese Weise können Sie selbst festhalten, wie häufig die energieraubenden automatischen Gedanken sich doch als falsch erwiesen haben.
- **Entkatastrophisieren Sie Ihre Gedanken**
  Denken Sie in einer Situation, die Sie belastet, was schlimmstenfalls als Folge passieren könnte? Malen Sie sich ruhig ein „worst case"-Szenario aus! Wie realistisch ist es, dass es eintritt? Auf diese Weise realisieren Sie, dass die eingetroffene Situation häufig doch nur „ein kleineres Übel" ist.
- **Erkennen und unterbinden Sie Grübelschleifen**
  Kreisen Ihre Gedanken dauernd um das eine Problem und wechselt die Sichtweise nicht, müssen aktive rationale Alternativen überlegt werden. Beantworten Sie sich die Frage: Trägt ein weiteres Grübeln zur Lösung Ihres Problems bei oder führt es nur zu weiteren neuen Hypothesen, die durch Ihr Nachdenken ohnehin nicht zu überprüfen sind?

4.1.3 Mentale Entlastung durch Schreiben

Differenzierte Wahrnehmung, Perspektivenwechsel, Erkennung von eingefahrenen Mustern, aber auch eine Möglichkeit, der Kreativität einen freien Raum zur Entfaltung geben zu können: Das sind die Vorzüge des Schreibens.

Beim Schreiben können Sie alles loswerden, und auch die Wortwahl und die Sprache sind Ihnen vollkommen freigestellt. Sie dürfen Tabus brechen, der Fantasie freien Lauf lassen und moralische Normen sprengen: Es ist Ihr eigenes Werk, in dem Ihre Gefühle, Emotionen und Anliegen uneingeschränkten Raum frei bekommen. Tagebuchschreiben erlaubt die Verarbeitung der Gedanken – ohne redaktionelle Vorgaben oder strategische Konzepte.

Aufschreiben entlastet

Stellen Sie sich vor, Sie bereiten eine große Feier vor, Sie müssen an viele Sachen denken: An das was Sie kochen, backen, was Sie an diesem Abend anziehen wollen, an die Tischdekoration, an die Einladungen etc. Um sich und Ihren Kopf zu entlasten, fertigen Sie eine Liste an, auf der Sie alles nacheinander abhaken können, was bereits erledigt ist.

Auf einem Einkaufszettel oder einer To-Do-Liste schreiben Sie alles auf, was gerade wichtig ist, um nichts zu vergessen, und gleichzeitig haben Sie den Kopf für andere Dinge frei. Und auch um zu überlegen, wie Sie vorgehen, denn der Sinn der Liste ist ja, sie möglichst effektiv und mit System abzuarbeiten.

Und auch in einem Tagebuch können Sie Ihre Emotionen, Enttäuschungen, Verletzungen, Motive etc. detailliert notieren, sobald sie einmal verschriftlicht werden, können Denk- und Grübelschleifen im Kopf besser durchbrochen werden. Das Thema und das Problem, welches Sie beschäftigt, wird vielleicht eine längere Zeit in Ihrem Tagebuch Präsenz zeigen, allerdings sicherlich jedes Mal aus einer anderen Perspektive. Mit zunehmender Übung kommen Sie zu dem Punkt, an dem Sie sich sich fragen werden: Was nun? Was mache ich mit meinem Problem? Wo liegt eigentlich das Problem? Finde ich selbst die Lösung?

Durch das Schreiben können Sie selbst Zusammenhänge präzise nachvollziehen und Widersprüche erkennen.

Sie sortieren sich selbst, sie durchleben Ihre Emotionen und können sie mit einer zunehmenden Übung besser bewerten. Und auch Verhaltensweisen anderer Menschen können Sie besser deuten und gewisse Muster erkennen, denn Verzeihen und Nicht-Nachtragend-Sein ist auch im Stressmanagement ein wichtiger Aspekt. Genauso wie Sie nicht perfekt sein können und müssen, dürfen es auch die Anderen sein. Das Tagebuch ist der „Therapeut", der geduldig zuhört und Ihnen den Zugang zu Ihrer inneren Verfassung ermöglicht. [63]

„Schreibtherapie" in den sozialen Netzwerken?

In der schnelllebigen Welt wird viel geschrieben. WhatsApp, Twitter, Facebook, Instagram – dauerhaft online und ständig verfügbar. Eine Nachricht ist schnell geschrieben und in die Welt verschickt. War's das? Ist das nun das therapeutische Schreiben? Soziale Netzwerke sind zur Findung und Aufrechterhaltung der Kontakte ein hervorragendes Medium und erfreuen sich auch zur Recht einer zunehmenden Beliebtheit.

Die Vernetzung über soziale Netzwerke wird zu Unrecht häufig verteufelt: Sowohl oberflächliche als auch tiefere Bekanntschaften und ein professioneller Austausch sind über soziale Plattformen möglich. Mehr noch: Im täglichen Leben ist es wesentlich schwieriger, Menschen aus aller Welt zu finden, die die gleichen Interessen und die Leidenschaften teilen. Und insbesondere in den sozialen Netzwerken suchen auch viele Menschen die Möglichkeit, die Gedanken loszuwerden und über ihre Probleme und über den Stress – doch das meistens unter einem Pseudonym – zu schreiben. Dass allerdings ein Pseudonym keinen hundertprozentigen Schutz zur Wahrung der Identität bietet, dürfte den meisten Nutzern klar sein.

Inwiefern sich diese Form des Schreibens zur Stressbewältigung oder zur Verarbeitung der mentalen Probleme eignet, ist aus dem Stand der Wissenschaft nicht eindeutig klar. Fest steht allerdings, dass die Nutzung der sozialen Medien – trotz aller positiven Seiten – einen neuen Stress generieren kann und auch ein gewisses Abhängigkeitspotenzial mit sich bringen kann. Allerdings eignet sich die berufliche Vernetzung als eine instrumentelle Stressbewältigungsstrategie (siehe Kapitel 4.2.4 Berufliche Vernetzung, Beratung und Coaching).

Im Hinblick darauf, dass es beim therapeutischen Schreiben nicht vordergründig um die Reaktion des Gegenübers, sondern um die wahre Auseinandersetzung mit eigenen Gedanken geht, kann man davon ausgehen, dass die Nutzung der sozialen Netzwerke nicht denselben therapeutischen Effekt des Schreibens mit sich bringt, wie das bewährte Schreiben eines Tagebuches.

Schreiben kann eine hilfreiche Strategie gegen mentalen Stress sein. Nicht das Produkt, sondern der Prozess des Schreibens entlastet. Ob Sie nun eine fiktive Geschichte schreiben, Briefe schreiben, Gedichte verfassen, Fachtexte oder ein Tagebuch schreiben, ist nicht von Bedeutung. Beim Schreiben setzen wir uns aktiv mit unseren aktuellen Gedanken und Zielen auseinander und schaffen ihnen einen kreativen Möglichkeitsraum. Schreiben ist leicht, jederzeit umsetzbar und kostengünstig. [26]

4.1.4 Mentale Entlastung durch Lesen, Kunst, Musik

Eine Buchhandlung, ein Museum oder eine Bibliothek haben ein ganz besonderes Flair: Eine Verbindung zwischen geballtem Fachwissen, Fiktion, Erinnerungen, Realität und Stille. Ein Buch eröffnet neue Welten, neue Perspektiven, lässt kleine Ärgernisse des Alltags zumindest für eine kurze Zeit einfach vergessen. Bücher machen eine Traumreise möglich und den Absprung aus dem Alltag.

Lesen als Ablenkung und Verdrängung

Möglicherweise ist Lesen eine Art der Verdrängung, der Abkehr von den eigentlichen Problemen, doch auch eine Ablenkung ist eine Form der Stressbewältigung. Insbesondere in Situationen, auf die wir selbst keinen Einfluss haben, kann ein Absprung in andere Welten psychisches Wohlbefinden und neue Kraft stiften.

Jeder Mensch, der sich in einer kritischen Phase des Lebens befindet, kann Energie und Optimismus aus den Erfahrungen der Schriftsteller der Vergangenheit und auch der Gegenwart schöpfen.

Auch im Bereich Psychotherapie wird das Lesen als Form genutzt und ist eine der anerkannten Methoden, um auch Zugang zum Patienten zu finden. Lesen trägt der Kommunikation bei, wenn diese ins Stocken gerät. Lesen kann aber auch einen Aufschluss über die Persönlichkeitszüge geben und über die aktuelle Verfassung des Lesenden. Bücher sind ein Erlebnis und werden als eine sehr hilfreiche Strategie im Bereich mentales Stressmanagement erachtet.

„Literatur kann Ablenkung oder Hinlenkung, Verallgemeinerung oder Konkretisierung bewirken, kann als Vorbild oder Abschreckung dienen, kann in Verbindung mit dem eigenen Leben stehen (...) oder Sinngebungen von Krankheit, Schmerz und Leiden anbieten." [26]

Sowohl das Lesen als auch das Schreiben wirkt sich positiv auf das mentale und auch das körperliche Wohlbefinden aus. Bereits wenige Minuten täglich reichen aus, um diese positive Wirkung zu erzielen.

Im Flow Kunst erschaffen und musizieren

Kunst- und Gestaltungstherapien sind angewandte Methoden im Bereich der Psychotherapie und Traumabewältigung. Die Behandlung von Traumen und posttraumatische Belastungsstörungen gehören allerdings in den klinischen Bereich der Psychologie und Psychotherapie und nicht in den Bereich der Selbstbehandlung.

Im Rahmen der Selbstbehandlung sprechen wir nicht von Therapie, sondern von Möglichkeiten, den mentalen Stress selbst in Griff zu bekommen. Kreative Tätigkeiten sei es Nähen, Basteln, Kochen, Musizieren, Singen, Tanzen, bewirken eine ähnliche Ablenkung und Glücksgefühle durch Selbstwirksamkeit. Ob Sie nun zum kreativen Bereich Zugang finden, sollten Sie selbst ausprobieren. Auch wenn Sie ein Novize auf dem kreativen Bereich sind, lohnt es sich auszuprobieren, durch Musik und Kunst Glücksgefühle zu erzeugen und in den Flow zu gleiten.

Gewiss ist es gut, bereits in jungen Jahren damit anzufangen, ein Instrument zu spielen. Aber es ist genauso sicher, dass es niemals zu spät ist dafür. Sie wollen kein Beethoven und auch kein Rembrandt werden, Sie möchten nur den Stress des Alltags in Griff bekommen.

Inzwischen gibt es Kunst- und Musikschulen, die speziell Kurse für Erwachsene anbieten. Es gibt auch heutzutage diverse Selbstlernvideos, Apps und Anleitungen, die Ihnen zumindest den Einstieg in die Materie erleichtern können. Nutzen Sie die vielfältigen Möglichkeiten und vergessen Sie den Ärger des Apothekenalltags: Der Beruf ist nur ein Teil von Ihnen. Setzen Sie nicht alles auf eine Karte, bauen Sie sich Ihre Kreativinseln selbst auf, auf denen Sie unbeschwert Ihre Selbstwirksamkeit und Ihr Potenzial ausleben können. [26, 67, 59]

4.1.5 Mentale Entlastung durch Vergessen und Verzeihen

Konflikte im Team, die ein großes Stresspotenzial mit sich bringen, sind häufig eine Art „Kettenreaktion" und eine verzweifelte Suche nach Schuldigen und nach Opfern. Dabei sind es meistens beide Seiten, also ein – „Sowohl-Als-Auch". Ein weiches Herz und Vergebungsbereitschaft sind kein Zeichen für Schwäche oder „Naivität". Im Gegenteil: Nicht nachtragend zu sein ist ein starkes Charaktermerkmal. Menschen genug Chancen zu geben, uns kennen zu lernen und sich mit uns entwickeln zu können, ist wichtig im Aufbau der sozialen Kontakte, nicht nur am Arbeitsplatz, sondern auch im Privatleben. Doch auch die Nicht-Nachtragenden können irgendwann die Schmerzgrenze erreichen, die eine weitere Zusammenarbeit nicht mehr möglich macht.

Niemand ist perfekt

Haben Sie sich schon mal im letzten Moment auf die Zunge gebissen? Sie wollten etwas sagen und merkten „Ups, das wird nicht gut ankommen!" So geht es Vielen, doch manchmal merkt man später im Gespräch, dass das Gegenüber an der Achilles Ferse getroffen wurde. Angenommen, Sie haben in der Tat etwas gesagt, was Ihre Kollegin oder Ihren Kollegen getroffen hat: Was nun? Wird uns die andere Person diesen Faux Pas verzeihen? Und wenn nein, warum? Haben wir nicht eine zweite Chance verdient?

Andere Menschen haben genauso wie wir selbst nicht die Möglichkeit, unsere Gedanken zu lesen und unsere Ängste zu verstehen und Schwächen zu kennen. Das Verletzen passiert deshalb nicht zwangsläufig bewusst und auch nicht mit Vorsatz. Wut und Ärger sind aber sehr energieraubende Stressoren, die Sie nach Möglichkeit aus Ihrem emotionalen Repertoire streichen sollten.

Im Konzept der Verzeihung geht es nicht darum, einem anderen Menschen dafür Recht zu geben, womit uns dieser Mensch verletzt hat. Verzeihen bedeutet auch nicht, etwas zu vergessen oder ungeschehen zu machen. Weder eine rosarote Brille, noch Zorn, Hass und Ärger wird etwas ungeschehen machen. In dem Konzept der Vergebung wird die Beziehung zu sich selbst wiederhergestellt und nicht unbedingt zu dem Gegenüber.

Raus aus der Opferrolle

Es ist ein aktiver Entschluss, die Sichtweise zu verändern und den Fokus auf die freudigen Dinge des Lebens zu richten und eigene wunde Punkte zu entdecken. Wenn Sie nun denken „Das sagt sich so leicht!" – stimme ich Ihnen uneingeschränkt zu. Aber wenn Sie nicht versuchen, aktiv eine Situation aus einer anderen Perspektive zu betrachten, tun Sie sich selbst keinen Gefallen. Durch Zorn und Wut fallen Sie immer tiefer in ein Loch, verbleiben in einer Opferrolle und warten darauf, dass Ihnen jemand hilft. Möglicherweise warten Sie auf eine Entschuldigung, die aber sehr unwahrscheinlich ist. Wie wir jemanden sehen und sein Verhalten beurteilen, ist nicht selten eine Art Projektion, die die in uns schlummernden Ängste und Zweifel zum Erwachen bringt.

Zum Prozess des Verzeihens gehört es deshalb, die eigenen Projektionen zu erkennen. Aber auch die Projektionen und Ängste des Gegenübers müssen uns bewusst werden, auch wenn wir möglicherweise niemals hinter die Motive kommen werden. Auch das Verhalten des Gegenübers kann ein Hilferuf, ein Zeichen der Hilfslosigkeit oder der Machtausübung sein.

Verzeihen ist notwendig, um einen Heilungsprozess anzustoßen und dieser Prozess funktioniert auch ohne eine Entschuldigung des Gegenübers: Sie sind verletzt, und von Ihnen hängt es nun ab, wie Sie mit Ihrer seelischen Wunde umgehen. Werden Sie also zeitnah selbst aktiv, damit aus der Wunde keine hässliche Narbe wird, die Ihnen den Spaß an sozialen Kontakten und an Ihrer Arbeit nimmt.

Entstressen durch Verzeihen

Eilen Boris-Dunchungstang entwickelte ein mentales Programm und beschrieb es in ihrem Buch „Verzeihen – 7 Schritte zur Vergebung". [9]

„Durch unser Leid und unseren Schmerz haben wir die Chance, vergeben zu lernen und unsere wahre und schönste Natur zu erfahren." Ihr Konzept ist an einer spirituellen Weisheit angelehnt, wie viele andere Konzepte aus dem Bereich mentale Stressbewältigung. Sie erlauben es uns ein Stück zurückzutreten, um zu realisieren, was wirklich wichtig ist. Ansonsten laufen wir dau-

ernd im Hamsterrad, brennen aus und sind kein Stück vorwärtsgekommen. Denken Sie daran, dass Sie das Verhalten anderer Menschen – Kollegen, Kunden, Vorgesetzten, Auftraggebern – niemals ändern werden! Nur Sie selbst können Ihr eigenes Verhalten, Ihre Denkweise und den Umgang mit den Menschen ändern.

Die drastische Lösung ist Menschen, die uns verletzen, aus dem Weg zu gehen – den Arbeitsplatz zu kündigen oder die Zusammenarbeit zu beenden – doch nicht immer ist ein solches scheinbar bequemes Ausweichmanöver möglich. Boris-Dunchungstang unterstreicht, dass alle Veränderungsprozesse Zeit brauchen.

DAS 7-SCHRITTE-PROGRAMM ZUM VERZEIHEN NACH BORIS-DUNCHUNGSTANG [9]

Schritt 1: Startphase
Sich klar werden, warum man vergeben muss und den Wunsch nach Rache aufgeben.

Schritt 2: Geschichte erzählen
Mit einem Menschen, den man vertraut, über die emotionalen Erfahrungen reden.

Schritt 3: An der Wut arbeiten
Sich mit der Frage auseinandersetzen, was die Wut ausmacht: Ist man wütend auf sich selbst oder auf den Anderen? Ehrlich sein und bereit sein, die Opferrolle zu verlassen.

Schritt 4: Schuldgefühle bewusst machen
Bereit sein, die Sicht der Wirklichkeit zu ändern. Sind Verhaltensweisen, die man beim Gegenüber verurteilt, bei einem selbst zu finden?

Schritt 5: Die Situation neu betrachten
Die Aufmerksamkeit auf den Anderen richten, Mitgefühl für ihn und für seine Schwächen empfinden: „Warum verhielt sich der Mensch in der gegebenen Situation so und nicht anders". Mitgefühl wird so zur Quelle der inneren Stärke.

Schritt 6: Schmerz bewältigen
Das ist die „Trauerarbeit": In dieser Phase kommt es vor, dass man häufig weint. Gefühle und Emotionen, die man unterdrücken muss, kommen ansonsten irgendwann hoch. Nur wenn wir den seelischen Schmerz spüren, können wir ihn behandeln. Der Schmerz hat eine Signalwirkung, die uns dazu verleitet, etwas dagegen unternehmen zu müssen. Chronischer seelischer Schmerz führt zu depressiven Zuständen, zu Verbitterung, Misstrauen und zu wenig Lebensfreude. Wir können nicht (mehr) gegen die Ursachen des Schmerzes vorgehen, aber wir müssen dennoch die Folgen behandeln, indem wir uns einen neuen Sinn suchen.

Schritt 7: Inneren Frieden finden
In diesem Schritt wird erkannt, dass das Verhalten des Gegenübers nur die äußere Fassade ist, das Innere ist mit unseren Augen nicht sichtbar. Das ist der spirituelle Teil des Verzeihens und zugleich der aktive Teil, in dem wir uns entscheiden dem Anderen zu verzeihen und ihn zu verabschieden. Die Vergangenheit darf nicht mehr belasten.

Auch dieses Programm wird Ihnen den Schmerz der Enttäuschung nicht direkt nehmen und den Stress nicht sofort eliminieren können. Es lohnt sich diese Strategie des Verzeihens auszuprobieren, bevor sich die Gedanken über die Enttäuschung wie in einer Spirale endlos drehen.

„Die Apothekenwelt ist klein" – man sieht sich immer zwei Mal
Im beruflichen Kontext kann man nicht immer den Menschen gänzlich aus dem Weg gehen. Es ist daher langfristig das Ziel die Begegnungen mit anderen Menschen – trotz vorangegangener Konflikte – möglichst stressfrei zu erleben.

Verabschieden Sie sich allerdings von der Hoffnung, dass eine konfliktreiche Zusammenarbeit in einer netten Bekanntschaft mündet, denn das ist utopisch und auch nicht die Intention. Üben Sie dennoch das Verzeihen, entlasten Sie sich selbst vom Zorn, Enttäuschung und Wut und zahlen Sie nicht mit der „gleichen Münze" zurück, denn das stellt Sie langfristig nicht zufrieden. Verzeihen bedeutet, nicht mehr auf eine Entschuldigung, Wiedergutmachung oder auf ein Dankeschön zu warten. Überall dort, wo eine rationale Erklärung fehlt und wo die Suche nach Gründen dauernd Energie rauben, ist Verzeihen notwendig, denn unabhängig davon, wie lange Sie sich mit dem Problem auseinandersetzen werden, bleiben die wahren Motive der anderen Person für immer verborgen.

4.1.6 Stressmanagement durch Veränderung

„Change" ist das vielversprechende Modewort: Unternehmen stellen ihre Strategien auf den Kopf und schlagen neue Wege ein, um geschäfts- und zukunftsfähig zu bleiben. Veränderungen sind Leben!

Nichts auf dieser Welt ist unveränderbar beständig. Alles ändert seine Struktur: Jeder Job, jede Freundschaft, die Natur, die Kultur, alles was uns umgibt. So sind auch Veränderungen im beruflichen Leben völlig normal und für die Zukunft notwendig. Je mehr Sie selbst Einfluss auf die Richtung und die Geschwindigkeit der beruflichen Veränderung haben, desto erfüllender ist der Prozess für Sie.

Berufliche Veränderung betrifft nicht das äußere, sondern das innere Erscheinungsbild. Ein klares Bild über das berufliche *Ich* mit allen Pros und Contras stärkt mental und gehört daher in den Bereich des mentalen Stressmanagements. Eine individuelle Veränderung kann eine Chance sein, um den Ausweg aus dem beruflichen Stress zu finden.

Veränderungen beginnen im Kopf und das Ziel der Veränderung ist es, das Problem zu eliminieren und keineswegs neue Probleme, weiteren Stress oder Unzufriedenheiten zu generieren. Hierbei ist es deshalb sehr wichtig, die Probleme und Gründe für die eigene Unzufriedenheit im Job zu kennen. Und damit der Ursprung für die eigene Unzufriedenheit klarer wird, ist eine Art (Selbst)-Diagnostik wichtig. Es hilft Ihnen wenig, sich beispielsweise die Haare kurz zu schneiden, wenn nicht die Frisur der Grund für die beruflich schlechte Stimmung ist. Im Gegenteil, wenn Ihnen die Kurzhaarfrisur nicht steht, haben Sie einen Grund mehr, um mit Ihrer Situation unzufrieden zu sein: Äußerliche Veränderungen helfen im Job dann, wenn sie in der Tat der Ursprung der Probleme sind.

Andernfalls ist es utopisch zu hoffen, dass mit einer neuen Frisur die Welt plötzlich ganz anders aussieht und Sie von einem Tag auf den anderen das Glück in Ihrem Job oder in Ihrem Leben finden. Der Grund für die Unzufriedenheit muss im Fokus stehen, denn eine Lösung für die berufliche Frustration wird man durch bloße Änderung des Äußeren nicht erzeugen.

Fragen Sie sich also selbst:

- Wollen Sie Ihre Kompetenzen erweitern oder eine andere berufliche Position erlangen?
- Möchten Sie sich finanziell verbessern?
- Finden Sie Ihre Aufgaben in der Apotheke langweilig und nicht erfüllend?
- Wollen Sie sich beruflich oder persönlich weiterentwickeln?
- Sind Sie mit Ihrem Team nicht zufrieden?
- Belastet Sie die Arbeitsumgebung und die Arbeit in der Apotheke generell?

Nennen Sie für sich konkret, was Sie verändern möchten und überprüfen Sie, ob dieser Wunsch auch realistisch ist und wer Sie dabei unterstützen kann. Veränderungen müssen im Rahmen des Machbaren bleiben, sonst generieren sie neuen Stress, wenn sie nicht durchführbar sind. Definieren Sie auch Zwischenstufen auf dem Weg zu Ihrem Ziel, denn „Zwischenetappen“ machen bereits genauso glücklich. Der Weg zum Ziel muss Spaß bereiten, denn kein Tag des Lebens ist es wert, unglücklich einem Traum nachzueifern!

Professionelle Unterstützung bei beruflichen Veränderungsprozessen
Insbesondere dann, wenn es sich um eine Umschulung oder eine wiederholte berufliche Neuorientierung handelt, sollten Schritte gut durchdacht sein. Je mehr Versuche gestartet werden, um die Erfüllung und Zufriedenheit im Job zu finden, umso stärker kann dies zu Frust und Stress führen.

Auch die Tatsache, dass es auf dem Arbeitsmarkt nicht leichter wird, wenn im Lebenslauf kein „roter Faden“ zu finden ist, sollte jedem Veränderungswilligen klar sein. Ein konsistentes berufliches Profil kann viele berufliche Wege eröffnen und ein Gegenteil davon wiederum kann die Chancen bei der Suche nach einem Arbeitsplatz erheblich schmälern. Aus diesem Grund muss jede weitere berufliche Veränderung mehr denn je zu Persönlichkeit und zu Interessen passen.

Bei Fragen zur beruflichen Neuorientierung ist es deshalb ratsam, sich an unabhängige Stellen, wie zum Beispiel die Agentur für Arbeit, zu wenden. Dort wird eine professionelle Diagnostik und Beratung unter anderem durch Arbeitspsychologen und Erwachsenenpädagogen angeboten. Seriöse Berater setzen zuverlässige psychologische Testverfahren ein und zeigen Möglichkeiten und Wege auf.

Auch Handwerkskammern, Industrie- und Handelskammern, Gewerkschaften oder Berufsverbände bieten eine Beratung in Zusammenhang mit Weiterbildung an. Inzwischen gibt es eine schier unübersichtliche Auswahl an Anbietern mit unterschiedlichen Qualifikationen auf dem Markt – darunter auch einige „schwarze Schafe“. Da es sich beim beruflichen Coaching um eine professionelle psychologische Diagnostik und Intervention handelt, sollten Sie darauf achten, dass Sie sich von Coaches beraten lassen, die über eine fundierte akademische Ausbildung (z. B. Psychologie, Bildungswissenschaft, Erwachsenenpädagogik etc.) und fachliche Kenntnisse verfügen.

Weniger Stress in einem anderen Beruf?
Auch ist es wichtig, dass Sie mit Ihrer neuen Weiterbildung die realistischen Chancen auf dem Arbeitsmarkt kennen. Weiterbildungsanbieter, private Schulen und private Universitäten wer-

ben mit vielseitigen Möglichkeiten und neuen Perspektiven, wenn Sie einen Studiengang anbieten. Die Wirklichkeit sieht häufig anders aus: Mit einem sehr speziellen und seltenen Berufsabschluss kann die Jobsuche für die Absolventen zu einem sehr stressigen Anliegen werden.

Demgegenüber ist der Bedarf an PTAs und Apothekern derzeit sehr groß, denn die Branche ist vom Fachkräftemangel betroffen. Insofern betrifft die Angehörigen der Berufe das Problem der Arbeitslosigkeit kaum und schon vor diesem Hintergrund können Sie bei der Suche nach dem Traumarbeitsplatz aus den Vollen schöpfen.

Damit also die Veränderung und der Absprung aus dem Stress in Ihrem jetzigen Job nicht zu einem neuen Stress und zur beruflichen Unsicherheit führt, nehmen Sie den Weg über die professionelle Beratung auf sich. Finden Sie heraus, wo die Ursache Ihrer Unzufriedenheit liegt: Ist es tatsächlich der Beruf selbst oder lediglich der aktuelle Arbeitsplatz und die dazugehörige Arbeitsumgebung?

Sprechen Sie über Ihre Probleme mit den Vorgesetzten
Doch vor allem: Bleiben Sie mit Ihrem Arbeitgeber im Gespräch! Erwarten Sie nicht, dass Ihr Chef Ihre Unzufriedenheit selbst bemerkt: Insbesondere dann, Sie Ihren Job professionell und verantwortungsvoll machen, ist es schwer Ihren zunehmenden Unmut zu erraten. Bitten Sie Ihren Arbeitgeber um ein Gespräch: Ein einfühlsamer Vorgesetzter wird Ihre Wünsche und den Grund für Ihre Unzufriedenheit sehr ernst nehmen, mit Ihnen einen Weg suchen und Ihre Veränderung unterstützen. Der Apotheke ist auf langer Sicht auch nicht gedient, wenn Sie dauernd mit der Situation unzufrieden sind, denn früher oder später wird auch die Qualität Ihrer Arbeit darunter leiden oder Sie entscheiden sich dazu zu kündigen. [35]

4.1.7 Downshifting & Sabbatical: „Kürzertreten“

Im Leben steht man manchmal vor Herausforderungen, die nicht neben dem Job zu meistern sind: Pflege der Angehörigen, Kinderbetreuung über die gewöhnliche Elternzeit hinaus, Unterstützung eigener Familienmitglieder in schweren Situationen und Krisen, aber auch eine Weiterbildung, das Schreiben einer Abschlussarbeit im berufsbegleitenden Studium etc. Systematisch geplante Auszeiten wie Sabbaticals oder Pflegezeiten sind aber leider noch eine „Zukunftsmusik“ im Bereich der öffentlichen Apotheke.

Sicherlich spielt Geld eine sehr wichtige Rolle und viele Berufstätige sehen in einer Stundenreduktion keine Option, denn nicht jeder kann sich einen vorrübergehenden Verzicht auf Einkommen leisten.

Doch bevor die Mitarbeiter krank werden oder die Arbeit kündigen (müssen), sollten alternative Möglichkeiten zumindest in Betracht gezogen werden. Auch für den Arbeitgeber kann eine Stundenreduktion daher eine bessere Option sein, als gänzlich auf den Mitarbeiter zu verzichten.

EXKURS

Vorteile der Teilzeitbeschäftigung
Teilzeitmitarbeiter werden seltener als produktive Arbeitskräfte gesehen und ernten weniger Anerkennung als ihre Vollzeitkollegen. Aus betriebswirtschaftlicher Sicht werden jedoch Teilzeitkräfte als effiziente und flexible Mitarbeiter betrachtet: „Teilzeitmitarbeit steigert die Produktivität der Einzelnen und kann zu einer starken Leistungsverdichtung führen."

Teilzeitbeschäftigte arbeiten sehr strukturiert, mit wenigen Pausen und sind an einer effektiven und ökonomischen Zeitnutzung sehr interessiert. Diese Ökonomisierung der Arbeitszeiten kann das betriebliche Umfeld positiv beeinflussen und zu einer Leistungsverdichtung und Produktivitätssteigerung führen.

Quelle: [78]

Downshifting – „weil Zeit Geld ist"
Die geplante und bewusste Stundenreduktion und das „Kürzertreten" im beruflichen Bereich wird in den meisten Fällen durch Unzufriedenheit mit dem Arbeitsplatz und den seelischen Kosten, die diese Unzufriedenheit verursacht, bedingt. Weniger zu arbeiten heißt auch, weniger zu verdienen und deshalb ist auch diese Strategie nicht für jedermann gleich gut geeignet. Rechnen Sie um, ob es Ihnen Wert ist, für die gewonnene Freizeit „zu zahlen".

Angenommen Sie entscheiden sich, acht Stunden im Monat weniger zu arbeiten, was für Sie bedeutet, dass Sie bei einem durchschnittlichen Gehalt einer PTA 100 bis 130 Euro brutto weniger verdienen würden (Beispielrechung: Vollzeitstelle mit 40-Stunden-Woche ergibt 174 Stunden/Monat. Bei einem Gehalt von 2.500 Euro: 2.500/174≈14,35 Euro, x 8=115 Euro). Betrachtet man die Nettoauszahlung, so ist die Differenz – je nach Steuerklasse – zwischen dem vollen und dem reduzierten Gehalt noch geringer. Es lohnt sich daher zu überlegen, ob der Preis der Stundenreduktion von 3 bis 4 Euro brutto pro Tag als Option in Frage kommt

Die Zeit, die dadurch zugunsten der Familie, der Freizeit und der persönlichen Freiheiten und Verpflichtungen gewonnen wird, kann eine Energie und Zufriedenheit spenden. Die einfachsten Unternehmungen kosten nicht viel Geld und es liegt nahe, dass Geldsparen am effektivsten geht, wenn man mehr Zeit hat, wie die Beispiele aus dem Alltag zeigen:

- Statt hastig und planlos einzukaufen, Zeit für einen Einkauf mit System zu haben;
- statt teure Fertiggerichte zuzubereiten, Zeit zu haben, frisches Essen zu kochen;
- statt mit dem Auto 10 km in die Stadt zu fahren, Zeit zu haben mit dem Rad dahin zu kommen;
- Zeit, um in die Bibliothek zu gehen, um kulturelle Veranstaltungen zu besuchen, Zeit zum einfachen Treffen zum Kaffee mit Freunden;
- Zeit, um mit den Kindern zum Spielplatz, zum Ballett oder zum Schwimmbad zu gehen, statt Tagesmutter und Babysitter dafür zu engagieren;
- Zeit zum Basteln und zum Nähen, Zeit für Hobbys, Sport und vor allem Zeit für Menschen, die Sie brauchen.

Konsum ist häufig eine Wiedergutmachung für die harte Arbeit, denn „man gönnt sich ja sonst nichts!". Frustrierte und erschöpfte Menschen gehen oft shoppen, gönnen sich einen teuren All-Inclusive-Urlaub, gehen häufiger Essen und genießen den Luxus, um ein Gefühl der Belohnung für die harte Arbeit zu spüren. Es ist nachvollziehbar und plausibel, doch die kleinen, kostbaren Dinge des Lebens werden in Augenblicken und Zeiteinheiten gerechnet.

Sabbatical

Die Möglichkeit des kurzfristigen Ausstiegs aus dem beruflichen Leben in Form eines Sabbaticals, wird zwar als Instrument in kleinen Betrieben wie Apotheken noch recht selten berücksichtigt, es ist aber eine definitiv bessere Alternative als das gänzliche Aufgeben, eine Depression oder ein Burn-Out. Immer mehr große Unternehmen bieten ihren Mitarbeitern die Option des Ausstiegs auf Zeit an, um ihre Mitarbeiter langfristig im Unternehmen behalten zu können.

Ein Sabbatical wird häufig für 1 bis 12 Monate vereinbart und erfordert generell eine gute Organisation und Vorbereitung im Betrieb. Ein Sabbatical ist eine Notbremse gegen Überforderung und ein totaler Absprung aus dem beruflichen Stress. Es ist eine sehr hilfreiche Alternative für alle, die sich aus persönlichen Gründen den beruflichen Verpflichtungen vorübergehend nicht widmen können. Arbeitgeber sollten diese Option trotz organisatorischen Problemen nicht kategorisch ausschließen, weder für sich selbst noch für die Apothekenmitarbeiter, die man nicht verlieren möchte.

Eine berufliche Auszeit kann für andere Verpflichtungen, neue Herausforderungen, aber auch für Erfahrungen genutzt werden, wie zum Beispiel die Begleitung eines Forschungsprojektes oder ein Praktikum in einem völlig anderen Bereich. Bereits eine kleine Stundenreduktion kann den erlebten Stress reduzieren und für mehr Wohlbefinden sorgen. Ein mentaler Abstand von der Arbeit kann zudem auch dabei helfen die „alte Liebe" zum Beruf und dem eigenen Arbeitsplatz wiederzuerwecken und neue Motivation und frische Ideen stiften. [11]

4.2 Instrumentelle Stressbewältigung

Im Bereich der instrumentellen Stressbewältigung wird der Fokus auf den Umgang mit Zeitmanagementtechniken und auf die Problemlösung am Arbeitsplatz gelegt: Hierbei müssen Belastungen am Arbeitsplatz erkannt und die dazugehörigen Bewältigungsstrategien erarbeitet und realisiert werden. Bei der instrumentellen Stressbewältigung geht es um konkrete Veränderungen, Verbesserungen und Innovationen, die die Arbeit erleichtern. Dazu gehören beispielsweise die Zeitplanung, die Ausstattung des Arbeitsplatzes und die Erweiterung der Kompetenzen oder auch des Personals (siehe Abbildung 2).

Durch eine gute Arbeitsorganisation und eine innovative Ausgestaltung aller Arbeitsbereiche in der Apotheke können Mitarbeiter entlastet und Arbeitsprozesse standardisiert werden. Auch wenn einige technische Erleichterungen zunächst eine finanzielle Investition bedeuten, tragen sie dazu bei, Kosten zu sparen.

So sparen technische Geräte und Hilfsmittel im Bereich Prüfung der Ausgangsstoffe oder Zubereitung der Rezepturarzneimittel letztendlich auch sehr viele personelle Ressourcen, die ohnehin knapp sind. Im Hinblick auf den Fachkräftemangel lohnt es sich zu überlegen, welche Arbeitsprozesse im Bereich Apotheke automatisiert werden können und wo die pharmazeutische Dienstleistung nicht durch Technik ersetzt werden kann. Auf diese Weise tragen Fortschritt und Digitalisierung dazu bei, dass Apothekenmitarbeiter sich auf die relevanten pharmazeutischen Tätigkeiten konzentrieren können und mehr Zeit für die Beratung und Betreuung der Kunden haben. Eine gute Arbeitsorganisation ist also nicht nur ein Stressmanagement-, sondern gleichermaßen ein Qualitätsmanagementinstrument.

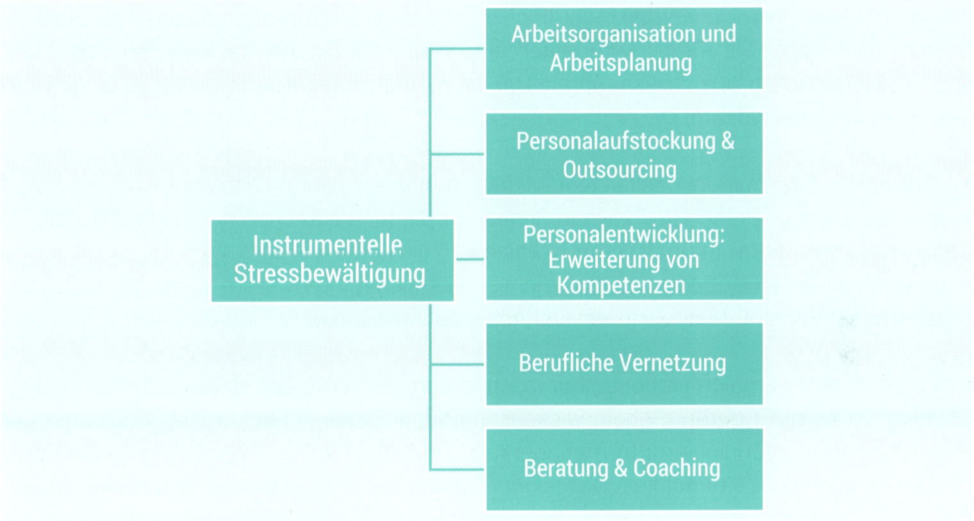

Abbildung 2: Aspekte des instrumentellen Stressmanagements

4.2.1 Arbeitsorganisation und Arbeitsplanung

„Work expands so as to fill the time available for its completion": Gemäß des zitierten Parkinson'schen Gesetzes brauchen wir zur Erledigung einer Arbeit so viel Zeit, wie uns zur Verfügung steht. Sicherlich ist es etwas humorvoll und übertrieben, dennoch vergeuden wir im Leben sehr viel Zeit für viele unwichtige Dinge, während Aufgaben, die sehr wichtig sind, unerledigt bleiben. Häufig wird mit Zeitmangel argumentiert, auch wenn es sich um eine kurze Beantwortung einer E-Mail handelt, denn Zeitmangel und Stress sind „salonfähig", demgegenüber Unlust eher weniger.

Zügige Beantwortung der E-Mails

E-Mails sind inzwischen zu einem der wichtigsten Kommunikationsmittel im Geschäftsbetrieb geworden. Tagtäglich trudeln unzählige E-Mails in das Postfach ein, die wichtig sind und die bearbeitet werden müssen. Sicherlich haben Sie als Apothekenmitarbeiter nicht die Zeit, sich mit jedem Problem gründlich und sofort zu beschäftigen, denn das Tagesgeschäft muss ja auch laufen, dennoch – wenn Sie diesen Service, also die Erreichbarkeit per E-Mail anbieten – müssen Sie auch diese Aufgabe zuverlässig erfüllen.

Falls es Ihnen nicht möglich ist, eine E-Mail innerhalb einer kurzen Zeit (spätestens im Laufe des Arbeitstages) zu beantworten, sollten Sie zumindest kurz dem Absender eine Empfangsbestätigung versenden. Das kann eine automatische Nachricht sein, es kann aber auch eine individuell verfasste E-Mail sein: Eine Empfangsbestätigung gehört zum guten Service, erspart Nachfragen per Telefon und ist ein Zeichen der Zuverlässigkeit und Höflichkeit.

Informationsverarbeitung braucht Zeit

Apotheken als Teil des Gesundheitssystems müssen mit zentralen Informationen aus zuverlässigen Quellen versorgt werden. Allerdings ist sowohl ein Informationsmangel als auch Informationsüberangebot für die Mitarbeiter sehr zeitaufwändig, mental beanspruchend und das kann letztendlich zum Stress führen. Um einen effektiven Informationsfluss zu gewährleisten, ist es daher ratsam:

- verlässliche Informationsquellen festzulegen (Behörden, Fachpresse etc.),
- eine zuverlässige Person im Team zu benennen, die für die Recherche und Weitergabe der relevanten Informationen verantwortlich ist
- und sich auf einen einheitlichen Kommunikationsstil mit Ihrem Team zu einigen (schwarzes Brett, Intranet, E-Mail-Verteiler, eine App oder Ähnliches).

Das alles nimmt natürlich (Arbeits-)Zeit in Anspruch, denn mit der bloßen „Zur-Verfügung-Stellung“ ist es nicht getan. Sobald wissenschaftliche Studien, Fachartikel, Webinare oder Webseiten mit ausführlichen Informationen als „Pflichtlektüre“ zur Verfügung gestellt werden, muss auch die Zeit und die Möglichkeit (Zugang zum PC, Erlaubnis, das Handy zu nutzen, etc.) allen Mitarbeitern zur Verfügung gestellt werden, damit sie die Informationen lesen und verarbeiten können.

Kommunikation während und außerhalb der Arbeitszeit

Gespräche, die zwischendurch während der Arbeit stattfinden, sind eine sehr wichtige Informationsquelle, doch leider können nicht alle Mitarbeiter gleichzeitig daran beteiligt sein. Um die Vernetzung und den Informationsfluss transparent zu machen, brauchen Mitarbeiter ein Medium beziehungsweise eine Plattform, auf der sie sich austauschen können. Dies kann sowohl real in der Apotheke stattfinden als auch virtuell auf unterschiedlichen Kanälen. Wichtig ist dabei, dass sowohl der Austausch als auch Feedback dort stattfinden können. Auch hier dürfen Mitarbeiter nicht ausgeschlossen sein, sei es in WhatsApp-Gruppen oder in einem E-Mail-Verteiler, da sich die Ausgegrenzten zu Recht benachteiligt fühlen. Welche Plattform dafür bevorzugt wird, sollte zumindest in der Einführungsphase im Team besprochen werden. Auch sollte daran gedacht werden, dass Informationen nach Möglichkeit gebündelt fließen sollten (z. B. als Tagesabschluss) und dass die dafür benötigte Zeit sie zu lesen oder darauf zu reagieren entsprechend im Arbeitspensum berücksichtigt werden müsste.

Ein weiteres großes Thema bezüglich der Arbeitsorganisation ist die Koordination der Vertretungen oder auch die Nachfrage zu offenen Kundenvorgängen. Viele Apothekenteams bestehen aus Teilzeitbeschäftigten, die neben dem Beruf auch andere Verpflichtungen haben und deshalb ist es umso wichtiger, faire Kommunikationswege zu vereinbaren, damit die Arbeit nicht ins Stocken gerät.

In der Regel werden entweder Vorgänge der Mitarbeiter, die gerade abwesend sind zur Seite gelegt, oder aber es wird viel Arbeitszeit für die Suche nach den Lösungen und Antworten verbracht. In dringenden Fällen werden Mitarbeiter aber auch in ihrer Freizeit angerufen, um Vorgänge zu klären, eine Vertretung zu organisieren etc. In erster Linie muss allerdings vereinbart werden, inwiefern Mitarbeiter in ihrer vermeintlichen Freizeit erreichbar sind.

EXKURS

Handyverbot am Arbeitsplatz?

Viele Apothekenchefs meinen, dass es ihrem wirtschaftlichen Interesse zuwider läuft, wenn die Mitarbeiter ihr Handy privat nutzen. Allerdings kann ein Arbeitnehmer seine Arbeit auch dann ordnungsgemäß erfüllen, wenn er gelegentlich einen Blick auf sein Handy wirft. Statt ein generelles Handyverbot zu erteilen, können Chefs Ihren Mitarbeitern daher eine „Zone für die gelegentliche Nutzung" vorschlagen.

Denn auch wenn es paradox klingt: Es kann sogar förderlich für die Konzentration sein, wenn Mitarbeiter wissen, dass sie in dringenden Fällen erreichbar sind – so etwa, wenn sie noch andere Verpflichtungen haben wie Kinder, zu pflegende Eltern oder einen weiteren Arbeitgeber.

Quelle: [75]

Wird am Arbeitsplatz ein generelles Handyverbot erteilt, stoßen wir auf ein Paradoxon, denn einerseits ist die Erreichbarkeit während der Arbeitszeit von Seiten des Vorgesetzen verboten, anderseits wünschen sich aber viele Vorgesetzte, ihre Mitarbeiter gut in ihrer Freizeit bei Nachfragen erreichen zu können.

Strikte Verbote lösen bei den Mitarbeitern Frustration aus. Und die Androhung von Sanktionen lässt das Verbotene sogar noch attraktiver erscheinen („psychologische Reaktanz" bzw. „Bumerang-Effekt").

Wissenschaftliche Ergebnisse implizieren, dass eine private Nutzung der sozialen Medien während der Arbeitszeit eine Art „Micropause" bietet, die dazu dienen kann, die Ressourcen zur Selbstregulierung wieder aufzufüllen. Ebenfalls gibt es Hinweise darauf, dass eine sporadische Handynutzung am Arbeitsplatz sogar für das Arbeitsengagement und die Kreativität förderlich sein kann und dass Personen, die soziale Medien am Arbeitsplatz im angemessenen Rahmen privat nutzen können, ihre Arbeit und ihre familiären Verpflichtungen besser managen können. [5]

TIPP FÜR DEN APOTHEKENALLTAG
ABSPRACHEN STATT GENERELLE VERBOTE

Vertrauensbasierte Handynutzung

In vielen großen Unternehmen ist eine „gelegentliche" Handynutzung während der Arbeitszeit erlaubt.

Versuchen Sie flexible Regeln auf Vertrauensbasis einzuführen, statt generelle Verbote auszusprechen. Sprechen Sie im Team ab, was in Ordnung ist und was nicht. Eine „gelegentliche Handynutzung" darf natürlich nicht dazu dienen, sich während der Arbeitszeit privat in sozialen Netzwerken auszutauschen.

ABCD Analyse

Es gibt in der Apotheke sehr viele Aufgaben, die sehr dringend sind und die nicht warten können – manchmal entscheiden sogar ein paar Minuten darüber, ob eine Arbeit fortgesetzt werden kann oder nicht. Das ist zum Beispiel der Fall, wenn Rezeptursubstanzen für eine Rezeptur, die dem Kunden für den nächsten Tag versprochen wurde, noch bestellt werden müssen oder wenn der Arzt konsultiert werden muss oder eine andere dringende Bestellung abgeschickt werden muss. Es gibt aber auch Aufgaben, die eher zwischendurch erledigt werden können, wie zum Beispiel die Fertigarzneimittelprüfung. Eine solche Aufgabe erfordert nicht viel Zeit und auch nicht die höchste Konzentration.

Eine ABCD-Methode (auch Eisenhower-Prinzip genannt) hilft die Aufgaben zu priorisieren und ordnet Ziele nach Dringlichkeit und Wichtigkeit: Wichtig ist alles, was dazu beiträgt, Ziele zu erreichen, und die Dringlichkeit definiert den Zeitraum, in dem die Aufgabe zu erledigen ist (siehe Tabelle 6). Und auch wenn inzwischen sehr häufig digitale Anwendungen zur Aufgabenverteilung genutzt werden, gibt es nach wie vor Teams, die analoge Möglichkeiten bevorzugen.

Viele, die unter Druck stehen, haben häufig ein Problem damit zu unterscheiden, was wichtig und was dringend ist. [29]

Aufgabenart	Beschreibung	Beispiele
A-Aufgaben	Aufgaben, die sofort erledigt werden müssen: Akute Probleme, Anliegen der Kunden und Krisen.	Alle Aufgaben im HV und in der Rezeptur
B-Aufgaben	Aufgaben, die geplant werden können.	Bestellung der Ware Telefonate, Rückrufe, Bearbeitung der E-Mails, Rezeptkontrolle etc.
C-Aufgaben	Alle Aufgaben, die delegiert werden können und die nicht dringend zu erledigen sind, aber dennoch wichtig.	Dekoration des Schaufensters, Planung der Aktionstage, Bestellungen der Werbemittel, Auffüllen der Ware, Blumengießen, Küchendienst etc.
D-Aufgaben	Unwichtige Aufgaben, die die Zeit rauben und nicht zielführend sind, die reduziert und eliminiert werden können.	Zusammenarbeit mit Auftraggebern, die unzuverlässig sind, mit der Leistung des Teams nicht zufrieden sind oder die eine qualitativ minderwertige Ware anbieten, die dauernd von Kunden reklamiert wird.

Tabelle 6: ABCD Prioritäten

Es ist wichtig, das gesamte Team dafür zu sensibilisieren, welche Aufgaben wichtig sind und welche Prioritäten gesetzt werden. Die ABCD-Strategie kann als eine übergeordnete Methode angewendet werden für alle Aufgaben, die regelmäßig am Tag anfallen. Insbesondere in Teams, in denen die Konstellation dauernd wechselt (rotierender Dienst, viele Teilzeitmitarbeiter, viele Aushilfen oder Vertretungen) ist es hilfreich, eine Priorisierung der Aufgaben transparent und verbindlich zu machen. Auf diese Weise ist die Wahrscheinlichkeit geringer, dass eine) Kollegin morgens mit dem Auffüllen des Kosmetikregals anfängt anstatt mit dem morgendlichen Checken der E-Mails.

TIPP FÜR DEN ALLTAG
MENTALE BELASTUNG & AUFWAND MINIMIEREN

Trennen Sie sich von D-Aufgaben

D-Aufgaben sind häufig Aufgaben, bei denen man sich verzettelt, sie machen Spaß und versetzen in den Flow, aber es sind Aufgaben für Perfektionisten oder für Menschen, die viel Zeit haben.

Da uns unsere Zeit nur begrenzt zur Verfügung steht, müssen solche Zeit- und auch Energieräuber eliminiert werden. Insbesondere sollten Sie deshalb bei der Aufgabenplanung D-Aufgaben identifizieren und – zumindest teilweise – sich sowohl mental als auch physisch von ihnen trennen.

Kanban-Tafel

Das Eisenhower-Prinzip priorisiert Aufgaben, die Kanban-Tafel visualisiert hingegen den Arbeitsprozess. Arbeitsorganisatorisch hilfreich ist es, beide Methoden miteinander zu kombinieren. Die Kanban-Tafel ist insbesondere in Teams, in den viele Teilzeitkräfte beschäftigt sind, sehr vorteilhaft: Diese Methode erleichtert die „Übergabe" und verhindert, dass Mitarbeiter die gleiche Aufgabe übernehmen, während andere Aufgaben liegen bleiben.

Diese Methode hilft dabei, den Fluss der Arbeit zu visualisieren, den Prozess zu überwachen und die Aufgaben im Blick zu behalten. Im klassischen Modell gibt es drei Spalten: To-do, Doing, Done. [29]

To-do	Doing	Done
Aufgaben, die noch nicht begonnen und die zu erledigen sind.	Aufgaben, die gerade erledigt werden.	Aufgaben, die bereits erledigt sind.
Wer kann es erledigen? Zu welchem Termin?	Wer kümmert sich darum? Auf welchen Mitarbeiter kann man bei Rückfragen zurückgreifen?	Sind weitere Schritte geplant oder sind alle Aufgaben komplett erledigt?

Apps und digitale Anwendungen zur Optimierung der Arbeitsorganisation

Ein strukturierter Arbeitstag macht die Arbeitsabläufe effizienter und beugt Stress bei den Mitarbeitern vor. Inzwischen gibt es diverse digitale Lösungen auf dem Apothekenmarkt, mit denen sich die Einsatzplanung, die Aufgabenkoordination, die Prozessüberwachung, die Wissensorganisation und auch die Kommunikation erleichtern lassen.

Solche Tools bieten diverse Möglichkeiten der internen – und in der Regel DSGVO-konformen – Kommunikation und Arbeitsorganisation oder aber auch eine digitale Unterstützung im Handverkauf. Dabei sind – je nach Anwendung – unterschiedliche Funktionen möglich:

- Ansichten der aktuellen Arbeitspläne;
- Einblicke in das persönliche Zeit- und Urlaubskonto;
- Digitales schwarzes Brett;
- Antragstellung für Wünsche wie Schichttausch oder Urlaube;

- Aufrufen von Dokumenten, Feedback und Aufgaben;
- Senden und Empfang von internen Nachrichten;
- Papierloses „Büro" und Speicherung von eingescannten Dokumenten;
- Apothekeninterne Beratungsleitfaden für den Einsatz im HV;
- Organisation und Tracking der Botendienste u. v. m.

Es gibt inzwischen sehr viele verschiedene Programme, die an dieser Stelle nicht im Einzelnen genannt werden können, dazu gehören zum Beispiel apocollect, ApoPromt, ApoSync, ApoTune, CallMyApo, MEP 24, Pulse oder ratioplan. Darüber hinaus bieten auch Kassen- und Laborprogramme sehr viele Funktionen an, die die Arbeit erleichtern können, aber die sehr häufig noch ungenutzt bleiben.

Jeder Mitarbeiter sollte eine Grundschulung in den Programmen erhalten, die er anwenden muss. Ein beiläufiges Anlernen oder „vom Kollegen zeigen lassen" ist im Arbeitsprozess sehr hilfreich und äußerst weiterführend, doch häufig werden viele Funktionen gar nicht genutzt oder aber Programme falsch und umständlich bedient.

TIPP FÜR DEN APOTHEKENALLTAG
ZU WISSEN, WO RELEVANTE INFORMATIONEN ZU FINDEN SIND

Stressfreie Wissensorganisation am HV – mehr als nur googeln
Die Voraussetzung für die professionelle Beratung ist Ihr Fachwissen. Es ist daher wichtig, dass Sie wissen, wo Sie zuverlässige und fundierte Quellen finden können. Recherche im HV ist zum einen über das Kassenprogramm und zum anderen über verschiedene Webseiten möglich. Legen Sie an jedem PC- Arbeitsplatz wichtige Lesezeichen bereit, die Sie direkt auf relevante und zuverlässige Infoseiten führt, zum Beispiel:

Internationale Apotheke, ABDA, Rote Liste, Impfprogramm, Embryotox, Pharmazeutische Zeitung, DAP, AMK-Nachrichten etc. Auf diese Weise gelangen Sie schnell zu Informationen, die Ihre Kunden nicht haben.

Einfaches Googeln ist keine fachliche Recherche. Bleiben Sie stets aktuell und lesen Sie im Laufe des Arbeitstages die wichtigsten Informationen auf den Seiten der Fachpresse.

Die digitale Kommunikation kann das Wissen organisieren und viele Vorgänge erleichtern, allerdings können digitale Medien auch stressen.

Es ist nicht damit getan, Dateien hochzuladen oder Links zu Webinaren und Fortbildungen zur Verfügung zu stellen. Digitale Tools können die Informationen systematisieren; die mentale Verarbeitung nimmt genauso viel Zeit in Anspruch wie das Lesen eines ausgedruckten Blattes.

Wenn die Vorgesetzten erwarten, dass die Mitarbeiter Nachrichten über Online-Plattformen auch außerhalb ihrer Arbeitszeit abrufen, sollte das vorab vertraglich festlegt werden. Die Mitarbeiter haben nämlich das Recht, außerhalb ihrer Arbeitszeiten das Handy – auch für ein paar Tage – auszuschalten und nicht erreichbar zu sein.

Vereinbarkeit der Familie mit Beruf

Die Frage der Kinderbetreuung, stellt viele berufstätige Eltern vor ein großes Problem. Für Arbeitsuchende ist die schlechte Vereinbarkeit von Beruf und Familie häufig ein Grund, sich nicht auf ausgeschriebene Stellen zu bewerben. Vollzeit-Stellen kommen in der Regel selten für Mitarbeiter in Frage, die kleine Kinder haben und sie betreuen müssen. Auch eine faire Urlaubsplanung in Apotheken gestaltet sich sehr schwer und führt mitunter zu Konflikten, wenn im Betrieb viele Mütter mit kleinen oder schulpflichtigen Kindern beschäftigt sind.

Im Lockdown in der Zeit der Coronapandemie sind viele Apothekenmitarbeiter von einem Tag auf den anderen mit dem Problem der Kinderbetreuung konfrontiert worden. Aus solchen Erfahrungen können Betriebe lernen und mehr Bemühungen in Bereich Vereinbarkeit des Berufes mit Familie investieren. Derzeit werden die Bewerber oder Mitarbeiter mit diesem Problem allein gelassen und müssen sich um die Kinderbetreuung in Eigenregie kümmern. Häufig entscheiden sie sich für eine geringe Stundenzahl, da sie ansonsten das Problem der Kinderbetreuung nicht lösen können. Homeoffice-Lösungen sind eher eine Seltenheit im Bereich der Apotheke, allerdings gibt es auch hier in bestimmten Fällen Möglichkeiten, die Arbeit ins Homeoffice zu verlagern.

Zwar kann es für Apotheken aufwendig sein, sowohl die Kinderbetreuungsplätze in Eigenregie bereitzustellen als auch das häusliche Büro einzurichten, doch der Aufwand kann sich für Apothekeninhaber lohnen, denn zum Einen werden sie als Betrieb attraktiv für Bewerber, zum Anderen profitieren die Arbeitgeber von der Möglichkeit ihre Mitarbeiter flexibel – und auch in den Nachmittagsstunden oder in den Schulferien – einteilen zu können.

Hierfür könnten sowohl betriebseigene Modelle eingerichtet werden, die sich nur an die Kinder der Mitarbeiter einer bestimmten Apotheke richten als auch zentrale Betreuungsmöglichkeiten, die durch die Apothekerkammer oder Apothekenverbände organisiert werden könnten.

PROJEKTARBEIT FÜR DIE ZUKUNFT – VEREINBARKEIT BERUF & FAMILIE

Organisierte Kinderbetreuung

Es ist noch eine Seltenheit im Bereich Apotheken, dass betriebseigene Betreuungsmöglichkeiten für Kinder der angestellten Mitarbeiter angeboten werden, die Modelle sind allerdings denkbar einfach. Eine Kinderbetreuung kann beispielsweise durch die Vermittlung von Tagesmüttern oder -Vätern, durch die Organisation der Ferienbetreuung, Gründung der Betreuungsgruppen in Zusammenarbeit mit Kindertagesstätten oder Volkshochschulen, aber auch durch Home-Office-Lösungen aktiv unterstützt werden.

Informationen zu Möglichkeiten bietet das „KOFA – Kompetenzzentrum Fachkräftesicherung". Auf der Webseite können sich die Arbeitgeber ausführlich über diverse familienfreundliche Maßnahmen informieren.

https://www.kofa.de/mitarbeiter-finden-und-binden/mitarbeiter-binden/beruf-und-familie
(Abrufdatum: 19.1.2021)

Home-Office für Apothekenmitarbeiter

Im Hinblick auf die zunehmende Digitalisierung im Gesundheitswesen und die voranschreitende Telemedizin & Telepharmazie, die verstärkte Nutzung der Vorbestellplattformen, die berufliche Vernetzung und die vielen Möglichkeiten der online Weiterbildung wird der Trend zum Home-Office auch für Apothekenmitarbeiter noch weiter zunehmen. Sicherlich werden die meisten pharmazeutischen Tätigkeiten im Handverkauf oder im Labor verrichtet, allerdings gibt es auch eine ganze Menge an Aufgaben, die für das Funktionieren des Apothekenbetriebs sehr relevant sind, aber die auch außerhalb der Apotheke erledigt werden können. Vorausgesetzt ist daher die technisch einwandfreie Anbindung an das Apothekensystem und ein Online-Zugriff auf Programme und Dateien.

PROJEKTARBEIT FÜR DIE ZUKUNFT – HOME-OFFICE-ARBEITSPLATZ

Die Einrichtung eines Home-Office-Arbeitsplatzes ist in folgenden Bereichen möglich:
- Plausibilitätsprüfungen und Herstellungsanweisungen für die Rezeptur
- Medikationsanalyse und AMTS
- Rechnungswesen und Büroorganisation
- Kommunikation mit Ärzten, Arztpraxen, Kooperationspartnern
- Telefonische Beratung und Online-Kommunikation mit Kunden
- Arbeitszeitplanung und Urlaubsplanung, Planung der Botenfahrten
- Retaxations-Bearbeitung
- Bearbeitung der Genehmigungen, Reklamationen
- Pflege des Online-Shops
- Planung der Aktionen, Betreuung des Einkaufs
- Betreuung der Social-Media-Auftritte

Die Vereinbarkeit des Berufes mit der Familie eröffnet Vorteile beim Wettbewerb um gute Arbeitskräfte, macht den Arbeitgeber attraktiv und ist ein sehr wesentlicher Beitrag im Stressmanagement. Apotheken können auf diese Weise ihre Mitarbeiter dauerhaft an sich binden und auch die Arbeitszeiten wesentlich flexibler gestalten, denn für die Arbeitnehmerinnen und Arbeitnehmer ist die Frage, wie sich der Alltag organisieren lässt, oft entscheidend. Und in Anbetracht des zunehmenden Problems um den Apothekennachwuchs sollte dieser Aspekt künftig an Relevanz gewinnen. [45, 19]

4.2.2 Personalaufstockung & Outsourcing

Manchmal fühlen Sie sich möglicherweise durch die Vielfalt der Aufgaben, die an Sie herangetragen werden in der Apotheke, überfordert und fragen sich, was hat das Ganze noch mit Pharmazie zu tun. Apothekenmitarbeiter beklagen sich häufig, dass sie Aufgaben übernehmen müssen, für die sie nicht ausgebildet sind und die sie höchstens auf dem Niveau eines Amateurs verrichten können. Werbetexte erstellen, Flyer designen, Präsentationen vorbereiten, Projekte und Aktionen voranbringen, Kundenumfragen konzipieren und auswerten sind keine pharmazeutischen Tätigkeiten und erfordern Expertise aus anderen Bereichen wie beispielsweise (Medien)-Design, Projektmanagement und Marketing. Die erfolgreiche berufliche Welt der Zukunft ist interdisziplinär vernetzt und die Apotheken sollten hierbei keine Ausnahme bleiben, wenn sie als starke Betriebe überleben wollen. Es lohnt sich zu überlegen, welche Kompetenzen können Sie und Ihr Team nebenbei erlernen und wann professionelle Unterstützung effektiver, stressarmer und kostengünstiger wäre.

Aufgaben abgeben, delegieren oder outsourcen ist eine sehr wichtige zukunftsfähige Strategie in Zeiten eines sehr hohen Arbeitsaufkommens. Gut aufgestellte Expertenteams sind in der Lage, sehr ökonomisch, schnell und innovativ zu arbeiten.

Und damit die Beratungsqualität und die Kundenorientierung nicht nachlassen und die Mitarbeiter sich durch die Vielfalt der Aufgaben für die sie gar nicht ausgebildet wurden, nicht überfordert fühlen und nicht krank werden, muss entsprechend Personal in der Apotheke vorhanden sein und notfalls auch das Team vergrößert werden und durch andere Fachkräfte ergänzt werden.

Pharmazeutische Kenntnisse sind nicht allen Bereichen in der Apotheke notwendig
Aufgrund des Fachkräftemangels ist es derzeit sehr schwierig, gute und engagierte pharmazeutische Mitarbeiter zu finden. Im Sinne der instrumentellen Stressbewältigung muss daher notfalls nach alternativen Wegen der Personalaufstockung geschaut werden, statt das Team an die Grenzen der Möglichkeiten zu bringen.

Viele der Tätigkeiten, die am Arbeitstag zum Erledigen sind, verlangen keine pharmazeutischen Kenntnisse wie zum Beispiel:

- Bearbeitung von Bestellungen (Abfrage von Verfügbarkeiten, Verbuchen und Einräumen der Ware),
- Kontrolle der Verfalldaten, tägliche Inventurlisten
- Telefondienst, Bearbeitung der Faxe und E-Mails
- Annahme und Koordination der Online-Bestellungen
- Botendienst, Wege zur Post, Einkaufen etc.
- Auffüllen der Regale
- (digitale) Dokumentation und Ablage
- Betreuung der Social-Media-Kanäle
- organisatorische Aufgaben wie Dekoration, Küchendienst etc.
- Erstellung und Aktualisierung von Dokumenten, Protokolle der Mitarbeiterbesprechung.

Schon allein diese Tätigkeiten, die dauernd am Arbeitstag anfallen, beanspruchen mehrere Arbeitsstunden. Ist das Team knapp und mangelt es an pharmazeutischen Arbeitskräften, liegt es nahe, zum Team auch nicht-pharmazeutische Mitarbeiter aufzunehmen.

Einfache und strukturierte Abläufe und Tätigkeiten stellen in der Regel keine Schwierigkeit dar, nicht selten profitieren Teams von neuen interdisziplinären und zeitgemäßen Ideen, die engagierte Hilfskräfte einbringen.

Was sind die Alternativen?
Ein Personaltausch, Kooperation mit Kollegen, studentische Initiativen und Arbeitnehmerüberlassung sind gute Alternativen, um kurzfristig Verstärkung fürs Team zu bekommen. Inwiefern personelle Kapazitäten in anderen Teams verfügbar sind und ob sich diese Formen als eine generelle Lösung eignen, wird sicherlich von Fall zu Fall unterschiedlich sein. Alternativ zu den genannten Lösungen können Apotheken jedoch auch von einer interdisziplinären Zusammenarbeit profitieren und sich somit durch innovative Lösungen und andere gesundheitliche Projekte von der Konkurrenz abheben.

Die Apothekenbetriebsordnung regelt in Paragraf 3, für welche Tätigkeiten das Apothekenpersonal eingesetzt werden darf. Nach § 3 (5a) der Apothekenbetriebsordung darf sich das pharmazeutische Personal von Apothekenhelfern, Apothekenfacharbeitern, pharmazeutisch-kaufmännischen Angestellten sowie Personen, die sich in der Ausbildung zum Beruf des pharmazeutisch-kaufmännischen Angestellten befinden, bei folgenden Aufgaben unterstützen lassen:

- bei der Herstellung und Prüfung der Arzneimittel,
- bei der Prüfung der Ausgangsstoffe,
- durch Bedienung, Pflege und Instandhaltung der Arbeitsgeräte,
- beim Abfüllen und Abpacken oder Kennzeichnen der Arzneimittel sowie
- bei der Vorbereitung der Arzneimittel zur Abgabe.

Neben dem Einsatz von Pharmaziestudenten ist die Anstellung von nicht-pharmazeutischen Mitarbeitern in einer Apotheke deshalb eine gute Option, um den Mangel an personellen Ressourcen zumindest zeitweise zu überbrücken.

Auf diese Weise kann das pharmazeutische Personal ausschließlich für die pharmazeutischen Tätigkeiten im Handverkauf und im Labor eingesetzt werden. Die nicht-pharmazeutischen Mitarbeiter können demgegenüber beispielsweise für diverse zeitaufwändige Tätigkeiten außerhalb der Offizin eingesetzt werden. Durch eine gute Personalaufstellung kann die Arbeit in der Apotheke an Effizienz gewinnen und die Belastung der Mitarbeiter reduzieren.

Eine Beschäftigung studentischer Aushilfen innerhalb der zulässigen Rahmenbedingungen ist aufgrund der vergleichbar niedrigen Vergütung für den Arbeitgeber in der Regel interessant. Für die Studierenden, unabhängig von der Fachrichtung, ist eine Arbeit in der Apotheke eine sehr wertvolle Erfahrung und für das Team eine Stressmanagement-Ressource.

TIPP FÜR DIE APOTHEKENPRAXIS
GUTE EINARBEITUNG NEUER MITARBEITER BEUGT STRESS VOR

Strukturiertes Onboarding

Für die Einarbeitung neuer Mitarbeiter sollten Sie zwischen drei (Vollzeit) und sechs (Teilzeit) Wochen einplanen. Überlassen Sie die Einarbeitung nicht dem Zufall, sondern gehen Sie nach einem Plan vor. Denn eine unstrukturierte Einarbeitung bei laufendem Betrieb erfordert wesentlich mehr Zeit und Ressourcen, ist weniger effektiv und mit deutlich mehr Stress für alle Beteiligten verbunden als ein geplantes Anlernen. Aus Zeitmangel oder aufgrund von Personalknappheit wird der Neue häufig direkt in alle Abläufe einbezogen, ohne zuvor hinreichend instruiert und eingearbeitet worden zu sein. Dadurch fragt er andauernd nach, stört nicht selten die Abläufe oder verursacht durch sein Unwissen Fehler, die das Team nachher ausbaden muss. Dieser Zustand ist sowohl für ihn, als auch für das gesamte Team sehr stressig und frustrierend. Verzichten Sie also auf eine fundierte Einarbeitung, sparen Sie nur am falschen Ende. Denn die Kosten, die durch Konflikte, Stress, Fehler oder Fluktuation verursacht werden, liegen definitiv höher. Nutzen Sie einen strukturierten Arbeitsplan zur Einarbeitung der neuen Mitarbeiter.

Quelle: [74]

PKA – eine kostbare Ressource

Im Hinblick auf den Fachkräftemangel ist es wichtig, das Potenzial des Teams vollständig auszuschöpfen. Pharmazeutisch-kaufmännische Angestellte (PKA) werden heutzutage stark im Bereich Back-Office eingesetzt und weniger bei der Herstellung oder der Prüfung von Ausgangsstoffen. Auch im Bereich des Handverkaufs werden PKAs seltener eingeplant, als sie es eigentlich könnten.

Der Tätigkeitsschwerpunkt der PKA liegt zwar im kaufmännisch-organisatorischen Bereich der Apotheke und dementsprechend werden insbesondere Kenntnisse unter anderem zur Warenwirtschaft, Bevorratung und Preisbildung, Lagerhaltung sowie zur Bearbeitung von Rechnungen und Umgang mit der EDV im Rahmen der Ausbildung zur PKA vermittelt. Allerdings gehört auch die Beratung zu apothekenüblichen Waren, wie Kosmetika und Verbandmittel zu den Aufgaben der PKA. Darüber hinaus werden die PKAs im Rahmen der Ausbildung mit Zuarbeiten zur Herstellung, Prüfung und Abgabe von Arzneimitteln vertraut gemacht und können so auch in der Rezeptur und im Labor das pharmazeutische Team sehr effektiv unterstützen. [1]

TIPP FÜR DIE APOTHEKENPRAXIS
AUSSCHÖPFUNG DER POTENZIALE ERLEICHTERT DIE ARBEITSORGANIASTION

PKAs können mehr als „nur Back-Office"

Die Dokumentation bei der Prüfung der Ausgangsstoffe und der Herstellung der Arzneimittel, die Abrechnung der Inkontinenz- und Pflegehilfsmittelversorgung oder auch eine Kosmetikberatung nehmen sehr viel Zeit in Anspruch.

Diese Tätigkeiten können auch PKAs übernehmen und somit das pharmazeutische Personal optimal ergänzen.

Nicht nur im Hinblick auf die Entlastung der PTAs und Approbierten im HV, sondern auch im Hinblick auf die Wertschätzung und Anerkennung des Potenzials, das die PKAs mitbringen, bietet sich es sich an, den PKAs auch Aufgaben außerhalb des Back-Offices zuzuteilen. Somit erfahren auch PKAs mehr Abwechslung bei ihren Aufgaben, genießen mehr Handlungsspielraum, werden im Team besser wahrgenommen, können ihr Potenzial entwickeln und haben auch die Möglichkeit, eine Beziehung zum Kunden aufzubauen.

4.2.3 Personalentwicklung: Erweiterung von Kompetenzen

Fortbildungen dienen nicht (nur) Ihrem Vorgesetzten, um Ware besser zu verkaufen, sondern in erster Linie dem Mitarbeiter selbst.

Als ein kompetenter Mitarbeiter machen Sie Werbung vor allem für sich selbst und betreiben im weiten Sinne eine Art Personal-Branding: Sie sichern sich somit einen Platz in Ihrem Team und punkten bei Ihren Kunden. Fort- und Weiterbildung sind also die Investitionen für Ihre Zukunft und nicht (nur) die des Arbeitgebers. Nehmen Sie Fortbildungen nicht als eine unbeliebte Pflichtveranstaltung an, sondern als Möglichkeit Ihrer Entwicklung, auch wenn Ihr Arbeitgeber Ihre Zusatzqualifikationen nicht zusätzlich vergütet: Fundierte Fachkenntnisse und erfolgreiche Weiterbildungen sind Ihr Trumpf in der Hand!

Auch Sprach- und PC-Kurse können Stress beseitigen

Möglicherweise verbindet man eher Rückentraining oder ein Autogenes Training mit dem Thema Stressmanagement als etwa Sprach- oder PC-Kurse. Nichtsdestotrotz stellen gerade solche und ähnliche Weiterbildungs- bezienungsweise Personalentwicklungsmaßnahmen eine wesentliche Grundlage der instrumentellen Stressbewältigung dar, da sie die wahrscheinlichen Ursachen einer psychischen Belastung direkt angehen.

Warum? Wenn ein Mitarbeiter etwas nicht kann, dann wird ihm auch alles andere schnell zu viel. Angenommen, eine PTA spricht kein Englisch. Dann gerät sie dauerhaft in Stress, wenn sie erwartet, dass englischsprechende Kunden die Apotheke betreten könnten. Ebenfalls machen viele PTAs einen großen Bogen etwa um die Kapselherstellung, die Hilfsmittelrezept-Belieferung oder die Inkontinenzberatung, weil ihnen die Routine oder sogar gänzlich die Kenntnisse bei diesen Aufgaben fehlen. Um die Mitarbeiter gleich von Anfang an vor diesem Stress zu bewahren, wären deshalb Sprachkurse und sonstige Fort- und Weiterbildungsmaßnahmen bei anerkannten Institutionen, wie etwa bei den Volkshochschulen oder Veranstaltungen der Apothekenkammer, die beste Lösung.

Aber auch entsprechende Schulungen in Sachen Excel, Word oder Power Point, oder (schriftliche) Kommunikation können sich als nützlich erweisen. [16]

Gute Fortbildungen sind teuer und nicht immer ist es möglich, das gesamte Team auf eine mehrstündige Fortbildung zu schicken. Dennoch sollten alle Mitarbeiter einer Apotheke die Möglichkeit bekommen, Kenntnisse zu erwerben, um auf dem gleichen Wissenstand zu sein, wie alle anderen Kollegen. Es ist nicht nur fair, sondern bringt das gesamte Team weiter.

Werden nur ausgewählte Mitarbeiter zu einer Fortbildung geschickt, sollten die anderen Kollegen die Möglichkeit bekommen, zumindest in einer zusammengefassten Form die Inhalte der Fortbildung zu erfahren.

PROJEKTARBEIT FÜR DIE ZUKUNFT
VONEINANDER LERNEN

Kollegen als Experten – Interne Teamfortbildung

Veranstalten Sie eine interne Teamfortbildung, die die fortgebildeten Kollegen in Form eines Referats vorbereiten. Durch das Referieren wird das neue Wissen bei den Kollegen, die gerade eine Fortbildung besucht haben, gefestigt, und auch ihre kommunikativen Kompetenzen ins Spiel gebracht.

Da nicht jeder als Lehrer oder Dozent gleich gut geeignet ist und es nicht jedem es Spaß macht, vor anderen Menschen vorzutragen, sollte eine solche Maßnahme nicht verpflichtend sein. Allerdings sollten dann diejenigen Mitarbeiter zu einer „begehrten" Fortbildung geschickt werden, die auch die Bereitschaft zeigen, das Wissen im Rahmen eines solchen Referats an Kollegen weiterzugeben.

4.2.4 Berufliche Vernetzung, Beratung und Coaching

Soziale Kontakte und berufliche Vernetzung gelten als sehr wichtige Ressourcen im Bereich Stressmanagement – nicht nur im Hinblick auf eine praktische Unterstützung bei Problemen, sondern auch als ein „Ideenbrunnen".

Keine Domäne kann sich ohne Innovationen und den Einfluss anderer Disziplinen entwickeln, denn Kreativität und Fortschritt lebt von Vernetzung und Austausch. Apothekenmitarbeiter brauchen deshalb sowohl aktuelles pharmazeutisches als auch allgemeines Wissen. Das theoretische pharmazeutische Wissen bieten bereits Fachzeitschriften, Fachliteratur und Fortbildungsveranstaltungen. Im Arbeitsalltag ergeben sich allerdings nicht selten praktische Fragen, die einer Expertise von außen benötigen, doch um darauf zurückgreifen zu können, muss ein Netzwerk vorhanden sein. Der Aufbau eines beruflichen Netzwerkes ist deshalb nicht (nur) für wechselwillige Mitarbeiter wichtig, sondern auch – oder gerade dann – wenn ein Arbeitsplatzwechsel nicht geplant ist, denn Impulse von außen können die eigene Kreativität im Umgang mit beruflichem Stress sehr beleben und auch neue Ideen und Problemlösungen generieren. Eine sehr günstige und äußerst effektive Form der beruflichen Vernetzung bieten diverse Onlineplattformen: Xing, LinkedIn, Twitter, Instagram.

Ein Aufbau eines stabilen beruflichen Netzwerkes auf diesen Plattformen geschieht nicht über Nacht. Allerdings – auch wenn die Kontakte schon längere Zeit bestehen – sind solche beruflichen Kontakte in der Regel oberflächlich und schwach, denn es geht nur um einen Austausch der beruflichen Informationen und selten um wahre Freundschaften.

Es ist nicht nur wichtig, die Expertise der Personen, mit denen man sich in den sozialen Netzwerken austauscht, beurteilen zu können, sondern auch deren Vertrauenswürdigkeit. Denn: „(Beruflicher) Wissensaustausch ist ein strategischer Prozess, der von sozialen Motiven beeinflusst wird. Gerade kompetitive und selbstsüchtige Personen behalten die wirklich wichtige Information oft für sich." [69]

Wichtig zu beachten ist auch, dass die im Status geposteten fachlichen Qualifikationen, Erfahrungen und Kenntnisse nicht der Realität entsprechen müssen. Einige Berufsbezeichnungen werden irrtümlich falsch angegeben, einige vorsätzlich falsch und für einige Berufsbezeichnungen existieren keine staatlich anerkannten Ausbildungsverordnungen.

Zum einen kann sich auch der Austausch mit anderen Kollegen förderlich auf die Motivation auswirken, zum anderen kann es aber auch zum Gegenteil führen. Häufig werden Verhaltensweisen der Influencer unkritisch nachgeahmt, geteilt, „gelikt" und für gut befunden, unabhängig davon, ob es sich um positive oder sozial wünschenswerte Verhaltensweisen und Ansichten handelt. Insofern kommt es hier nicht nur auf die richtige Dosierung an, sondern vor allem auf die Qualität der Kontakte und deren Expertise.

Soziale Netzwerke können einen fachlichen Austausch fördern, sie können aber auch überfordern, wenn die Kontakte ausschließlich öffentlich auf den Internetplattformen stattfinden und ihre Zuverlässigkeit oder Seriosität unklar sind.

TIPP FÜR DEN APOTHEKENALLTAG
FACHLICHER AUSTAUSCH & AKTUELLES WISSEN MINDERN STRESS

Zuverlässige Online-Quellen nutzen
Der große Vorteil der Online-Dienste ist ihre Aktualität und ortsunabhängige Verfügbarkeit. Viele pharmazeutische Fachzeitschriften (z. B. Pharmazeutische Zeitung, PTA-Forum) bieten ihren Lesern und Followern nicht nur die Möglichkeit ihre Beiträge online zu lesen, sondern auch die Option in den sozialen Netzwerken in Kontakt mit der Redaktion zu treten. Auch wichtige Institutionen und öffentliche Behörden sind auf den Social-Media-Kanälen vertreten.

Eine Vernetzung über soziale Netzwerke kann deshalb hilfreich sein, um schnell an zuverlässige Informationen zu kommen.

Soziale Kontakte und freundschaftliche Unterstützung

Allein zu sein ist nicht per se schlecht: Nicht jeder Mensch ist ein Partygänger oder ein Teamworker und nicht jeder braucht viele Menschen um sich, um glücklich zu sein oder auch um gut arbeiten zu können. Dennoch brauchen die meisten Menschen einen Austausch mit anderen und auch jemanden, auf den man sich verlassen kann, der bedingungslos da sein wird, wenn man eine mentale oder auch praktische Unterstützung braucht.

Doch gerade im beruflichen Leben wachsen Bekanntschaften nicht unbedingt auf einer Vertrauensbasis, sondern sind eher eine Austauschbeziehung. Mit dem Verlust des Arbeitsplatzes verlieren sich häufig ganze Wirkungskreise. Damit das nicht passieren kann, sollen freundschaftliche Beziehungen auch außerhalb des Arbeitsplatzes gepflegt werden, die Ihnen Halt, Ablenkung, Freude und Trost spenden können, in Zeiten in denen es beruflich oder auch privat nicht so optimal läuft. Wo Sie diese Kontakte finden können, ist genauso individuell, wie vielfältig: Sportstudios, Vereine, Ehrenämter, Kurse und private Weiterbildungen sind nur einige Möglichkeiten. Solche Begegnungen konstruieren eine „Gegenwelt" – die es möglich macht, auch andere Sichtweisen zu bekommen. Auch alte Freundschaften zum Leben zu erwecken, kann für beide Seiten sehr bereichernd sein.

Fakt ist: Beziehungen bedeuten Arbeit – eine Beziehungsarbeit. Wer Einsamkeit vorbeugen möchte, sollte seine Zeit rechtzeitig für den Ausbau eines beständigen Bekanntenkreises investieren.

TIPP FÜR DEN ALLTAG

Freundschaften offline pflegen

E-Mails und Textnachrichten sind für eine oberflächliche Kommunikation, für den Austausch von Fakten und trockenen Informationen eine sehr praktische Alternative zu klassischen Briefen oder Faxen.

Für den Aufbau einer tiefen freundschaftlichen oder einer vertrauten kollegialen Beziehung eignen sich Textnachrichten allerdings nicht: Sie sind der Nährboden für Missverständnisse. Statt sich den Kopf darüber zu zerbrechen, wie Sie eine E-Mail eindeutig zu formulieren haben und ob der Empfänger Ihre Textnachricht richtig verstanden hat, greifen Sie einfach zum Telefon oder treffen sich im realen Leben.

Professionelle Beratung bei beruflichen Problemen

Zwischen Coaching und Psychotherapie existieren unklare Grenzen. Allerdings gibt es ein wichtiges Unterscheidungsmerkmal: Coaching richtet sich an Gesunde und Psychotherapie an Erkrankte. Beruflicher Stress kann sich bisweilen so stark belastend auswirken, dass Gespräche mit Freunden oder Kollegen nicht mehr ausreichen, sodass eine professionelle Beratung notwendig wird.

Viele Betroffene klagen über Schlafstörungen, Gedankenkreisen, schlechte Stimmung, Motivationsverlust, Panikattacken, Herzrasen und schlechte Konzentration am Arbeitsplatz. Nicht selten nehmen sie den Weg zum Arzt auf sich und werden vorerst durch eine Krankschreibung „aus dem Verkehr gezogen". Doch eine Krankschreibung behebt nicht immer die Ursachen des Stresses, sodass die psychischen Beschwerden und der mentale Druck sich – sofern sich die Situation nicht geändert hat – in einer kurzen Zeit wieder manifestieren können.

Im Bereich beruflicher Stress steht allerdings nicht immer die Arbeitsumgebung als alleinige Ursache dar. Im Stresserleben können viele Faktoren zusammen wirken und sich gegenseitig verstärken. Umso wichtiger ist es, bei einem starken Leidensdruck professionelle Hilfe in Anspruch zu nehmen, die ein umfassendes psychologisches Wissen hat und die Ursache zuverlässig diagnostizieren kann.

Viele Menschen scheuen sich jedoch vor einer Psychotherapie und ziehen ein „einfaches" berufliches Coaching oder den Besuch bei einem Heilpraktiker für die Psychotherapie vor, dabei ist vielen Betroffenen der Unterschied zwischen Coaching, psychologischer Beratung und Psychotherapie nicht immer bekannt. Alle Konzepte zielen auf die Verhaltensänderung ab – der Betroffene soll Strategien erlernen, um mit den Problemen besser fertig zu werden. Allerdings richtet sich Coaching ausschließlich an gesunde Betroffene. Entscheidend ist daher, dass Personen, die eine Verhaltenstherapie anbieten, auch ein fundiertes psychologisches Studium vorweisen, damit sie die richtige Behandlung wählen können. Denn: Studien zeigen, dass jeder zweite bis jeder dritte Burnout-Betroffene auch die Diagnosekriterien einer Depression zeigt. Da es sich bei Depression, Ängsten und Panikstörungen um psychische Krankheiten handelt, gehören die davon Betroffenen in eine psychotherapeutische Behandlung. [25]

Psychotherapie gehört zum Leistungskatalog der gesetzlichen Krankenkassen, berufliches Coaching hingegen nicht. Die Kosten für das Coaching oder eine psychologische Beratung beim Heilpraktiker werden in der Regel durch den betroffenen Mitarbeiter selbst getragen oder in seltenen Fällen durch den Arbeitgeber.

EXKURS

Psychologisches Coaching und Psychotherapie

Im Psychotherapeutengesetz (PsychThG) ist geregelt, wer sich „Psychotherapeut" nennen darf und welche Voraussetzungen dafür erfüllt sein müssen. „Ärztliche Psychotherapeuten" und „Psychologische Psychotherapeuten" haben ein Medizin- bzw. Psychologiestudium abgeschlossen und danach eine mehrjährige Weiterbildung durchlaufen. Zum Führen der Berufsbezeichnung „Psychotherapeut" ist die Approbation als Psychotherapeut erforderlich.

Davon zu unterscheiden ist der „Heilpraktiker für Psychotherapie" bzw. der „Psychologische Berater". Beide dürfen sich nicht als Psychotherapeuten bezeichnen.

Die Berufsbezeichnung „Coach" und auch „Psychologischer Berater" ist hingegen nicht geschützt: Wer Coaching anbietet, muss keine staatlich anerkannte Ausbildung und kein Studium vorweisen.

Das Coachingportal des Berufsverbandes deutscher Psychologinnen und Psychologen (BDP) und der Deutschen Psychologen Akademie führt Coaches auf, die die Vorgaben des Berufsverbandes erfüllen. Die in der Datenbank aufgeführten Personen zeichnen sich allesamt durch ein abgeschlossenes Psychologiestudium sowie mehrjährige Berufspraxis und eine Coaching-Fortbildung. Außerdem verpflichten sich Coaches mit BDP-Zertifikat zu der Einhaltung ethischer Richtlinien und zu Verschwiegenheit.

www.bdp-verband.de/profession/ausbildung
www.coachingportal.de (Abrufdatum: 15.1.2021)

4.3 Regenerative Stressbewältigung

Der berufliche Alltag erfordert enorm gute Selbstkontrolle. Manchmal wird gegen die innere Lustlosigkeit gekämpft, ein anderes Mal gegen andere äußere Widerstände. Eine dauerhafte Unterdrückung der negativen Gefühle bleibt jedoch nicht folgenlos und kann zur psychischen Erschöpfung führen. Zum Stressmanagement gehört nicht nur ein gekonnter Umgang mit Stressoren, sondern auch das richtige Abschalten und Regenerieren. Menschen können auch über eine mehr oder weniger lange Distanz stressige Phasen unbeschadet überstehen, doch irgendwann ist auch bei ihnen die Batterie leer und eine entsprechende Regeneration notwendig.

Ein Ausgleich außerhalb des Arbeitstages ist eine gute Möglichkeit den Abstand zu wahren und positive Emotionen zu erleben. Freie Zeit ist ohne Erfolgsdruck zu gestalten und ohne den Gedanken „sich beweisen zu müssen", nur auf diese Weise ist eine nachhaltige Regeneration und ein Auftanken der Energie möglich. Gehen Sie deshalb den eigenen Wünschen und Bedürfnissen bei der Erholung nach und finden Sie selbst heraus, was Sie brauchen, um sich nach dem Wochenende wieder auf Ihre Arbeit freuen zu können.

Regenerative Stressbewältigung umfasst verschiedene Aspekte und bezieht sich nicht nur auf das Erlernen der Entspannungstechniken, Schlafen oder Sporttreiben, sondern auch auf das Erleben von positiven Emotionen zum Beispiel im Bereich Hobby oder Ehrenamt (siehe Abbildung 3). Regeneration kann also – in Abhängigkeit von Bedürfnissen – somit auch sehr aktiv stattfinden und auch mental fördernd sein.

Die bekannteste Form der Regeneration im beruflichen Kontext ist der Urlaub. Im Urlaub ist es möglich, den Abstand vom Beruf zu nehmen und auch völlig neue Eindrücke zu sammeln. Ein erholsamer Urlaub ist nicht vom Budget abhängig: Ein Wanderurlaub mit Rucksack und Zelt kann genauso erholsam werden wie eine luxuriöse Weltreise. Wissenschaftliche Untersuchungen zeigen übrigens, dass die stärksten Erholungseffekte in den ersten acht Tagen des Urlaubs zu verzeichnen sind, danach nimmt das Wohlbefinden sogar ab. Setzen Sie bei der Erholung deshalb auch nicht ausschließlich auf den Sommerurlaub, sondern sorgen Sie durch das ganze Jahr hindurch für eine effektive mentale und körperliche Regeneration.

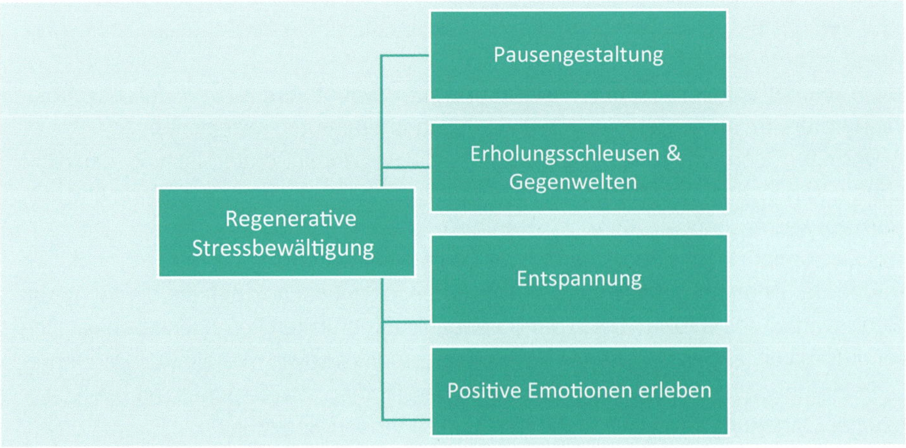

Abbildung 3: Aspekte der regenerativen Stressbewältigung

4.3.1 Pausengestaltung in der Apotheke

Arbeitspausen stellen eine wichtige Regenerationsquelle im Arbeitsalltag dar und sind gesetzlich vorgeschrieben. Sie dienen nicht nur der Gesundheit und Sicherheit am Arbeitsplatz, sondern helfen auch, die Leistungsfähigkeit und die Motivation wiederherzustellen.

Die Pause sollte vor allem die Gelegenheit bieten, sich von der Arbeitsaufgabe mental zu distanzieren, um neue Kraft zu schöpfen. Aktivitäten in der Pause sollten im Gegensatz zu der Arbeitsaufgabe stehen: Sitzende Tätigkeiten sollten durch Bewegung „ausgeglichen" werden, Tätigkeiten, die die ständige Bewegung und langes Stehen erfordern, werden optimalerweise durch Ruhe und Entspannung kompensiert.

EXKURS

Gesetzliche Bestimmungen

Das Urlaubsgesetz und Arbeitszeitgesetz halten die Rahmenbedingungen für Erholung fest. Eine mindestens 30-minütige Pause soll spätestens nach 6 Stunden ununterbrochener Tätigkeit erfolgen, arbeitet ein Mitarbeiter länger als 9 Stunden am Tag, ist eine Pause von mindestens 45 Minuten anzulegen. Die Pausen dürfen generell gestückelt werden: Statt einer langen Pause dürfen zwei oder drei kürzere Pausen eingelegt werden.

Die Aktivität unseres Nervensystems schwingt in einem 90-minütigen Zyklus: 70 Minuten dauert ein Zyklus, in dem eine konzentrierte Arbeit möglich ist, danach folgt ein 20 Minuten langer passiver Zustand, in dem die Ressourcen wieder regeneriert werden. Es ist weder notwendig noch möglich, die Arbeit in der Apotheke für 20 Minuten zu unterbrechen und eine Pause einzulegen. Es reichen allerdings schon fünf Minuten nach einer 1,5-stündigen Arbeit im HV, um sich wieder „zu sammeln". Je früher eine Pause eingelegt wird, desto mehr nutzt sie: Es ist sehr unwahrscheinlich, den neurobiologischen Erkenntnissen zufolge, dass eine konzentrierte Arbeit im Labor oder im HV über sechs Stunden möglich ist. Dass die Folgen einer Übermüdung bei der Arzneimittelabgabe und Herstellung gravierend sein können, lässt es sich nicht leugnen.

TIPP FÜR DEN APOTHEKENALLTAG
FIT DURCH KURZE PAUSEN

Zwei zusätzliche 5-Minuten-Pausen für das „früher kommen und später gehen"

Viele Apothekenmitarbeiter erscheinen am Arbeitsplatz noch vor der regulären Arbeitszeit – in einigen Fällen wird es nicht im Arbeitszeitkonto gesondert vermerkt, sondern als nicht bezahlte „Rüstzeit" betrachtet. Auch ist es kaum möglich, den Arbeitsplatz exakt zum regulären Arbeitsende zu verlassen.

Das ist der Alltag in der Apotheke und nicht selten verursacht dieses Thema „früher kommen, später gehen" Konflikte oder Diskussionen am Arbeitsplatz, wenn die dadurch anfallende Zeit nicht im Stundenkonto aufgeführt wird.

Bestehen Sie nicht auf bezahlten Überstunden, sondern fragen Sie Ihren Arbeitgeber, ob es möglich ist, die Zeit, die Sie für das „Hoch- und Runterfahren" des Betriebs benötigen, in Form von zwei zusätzlichen fünf- bis zehnminütigen Pausen während des Arbeitstages „abfeiern" zu dürfen. Nicht nur Ihr Körper profitiert von der kurzen Pause, sondern auch die Qualität Ihrer Arbeit.

Eine weitere Möglichkeit einer Regeneration während der Arbeitszeit ist das rotierende Arbeiten: Kolleginnen im HV können nach 1,5 Stunden stehender Tätigkeit für 20 Minuten beispielsweise die Warensendung verbuchen, die Plausibilitätsprüfung übernehmen, eine Bestellung aufgeben oder die Regale auffüllen. Es geht nicht nur um körperliche, sondern auch um die mentale Entlastung.

Wenn die Pause mal ausfällt…

Ausgefallene Pausen schlagen sich häufig in verstärkter Müdigkeit, körperlicher und psychischer Erschöpfung und Nervosität wieder. Insbesondere bei Apothekenmitarbeitern, die viel Emotionsarbeit leisten müssen, können Nervosität und Unruhe die Qualität der Arbeit sehr mindern. Nicht selten plagen die Betroffenen auch Schlafstörungen, was den Körper und die Psyche am folgenden Tag zusätzlich belastet. Durch die Übermüdung können Fehler schnell als Folge auftreten.

Auch wenn die Pause offiziell genommen wird, diese aber nicht zur Erholung genutzt wird, sondern um andere liegengebliebene Arbeiten zu erledigen, ist der Nutzen der Arbeitsunterbrechung fraglich. Wird ein Durcharbeiten ohne erholsame Pause zum Dauerzustand, sind auch langfristig gesundheitliche Folgen zu befürchten.

Pausenmanagement in der Apotheke

Apothekenmitarbeiter haben häufig festgelegte Pausenzeiten, die sich entweder nach den Öffnungszeiten der Apotheke richten oder in enger Absprache mit den Teamkollegen festgelegt werden müssen. Dennoch sollten die Zeiten nach Möglichkeit auch die individuellen Bedürfnisse und Wünsche der Mitarbeiter und der Kollegen berücksichtigen, um das regenerative Potenzial optimal auszuschöpfen. Beispielsweise könnten Mitarbeiter, die eine Frühstückspause benötigen, die Mittagspause entsprechend kürzen und eine kurze Pause schon am Vormittag einplanen. Und auch wenn die Apotheke in der Mittagspause geschlossen ist, ist es häufig möglich, die Mittagspause zugunsten einer Frühstückspause zu kürzen. In dieser Zeit, in der die Apotheke geschlossen ist, kann der Mitarbeiter in Ruhe liegengebliebene Arbeiten erledigen. Es hat sogar den Vorteil, dass Arbeiten ohne störende Unterbrechungen erledigt werden können, da gerade häufige Unterbrechungen einer Aufgabe als potentielle Stressoren gelten, die aber durch derartiges Pausenmanagement gemindert werden könnten.

Pause allein oder mit Kollegen?

Ein Team zeichnet Diversität aus. Die Mitarbeiter sind unterschiedliche Persönlichkeiten und haben individuelle Bedürfnisse und Vorstellungen zum Thema Pause und Entspannung. Während sich Viele bestens entspannen können, indem sie sich während der Pause mit den Kollegen unterhalten, suchen andere Ruhe und Abstand von Kollegen und dem Team, gehen alleine spazieren, hören Musik oder telefonieren mit Freunden.

Im eigenen Interesse sollte jeder für sich alleine die eigene optimale Regenerationsquelle herausfinden, um nicht am Ende des Tages völlig genervt, kraftlos und erschöpft dazustehen.

Handynutzung in der Pause
Die Pause darf von jedem individuell gestaltet werden. Viele von uns nutzen diese Zeit, um auf ihrem Smartphone Nachrichten zu checken oder auch um sich in den sozialen Netzwerken auszutauschen.

Kritische Stimmen behaupten, dass eine Pause mit Handy die Erholung und Regeneration negativ beeinflussen kann. Doch ist es wirklich so? Die Verwendung elektronischer Geräte in den Pausen kann sich positiv auswirken: Eine Studie ergab, dass die Personen, die Kurzpausen mit ihrem Smartphone machten, am Ende des Tages glücklicher waren beziehungsweise ein höheres Wohlbefinden aufwiesen. [52]

Es ist also denkbar, dass bereits eine mentale Distanz von Arbeitsaufgaben in der Apotheke die angestrebte Erholung bietet, unabhängig davon, wie die Pause – online oder offline – verbracht wird.

4.3.2 Erholungsschleusen und eine Gegenwelt

Erholung ist nicht gleich Erholung. Nach einem harten Arbeitstag oder einer sehr anstrengenden Arbeitswoche, sehnen sich viele einfach danach, nichts tun zu müssen. Eine passive Erholung kann nach einer starken körperlichen Herausforderung sehr heilsam wirken.

In der Apotheke sind Apothekenmitarbeiter allerdings selten nur mit körperlicher Anstrengung konfrontiert, sondern sie werden auch mental herausgefordert. In solchen Fällen bringt eine passive Erholung oder Pausieren von der Arbeit nicht immer den gewünschten Effekt, denn nicht selten kreisen die Gedanken doch immer noch um die Arbeit. Professor Gerd Kaluza stellt in seinem Buch „Stressbewältigung" vor, wie eine optimale Entspannung in Abhängigkeit von vorausgegangener Beanspruchung gelingen kann (siehe auch Tabelle 7) [29]

Das persönliche Befinden	Die passende Entspannung
Sie fühlen sich nach einem anstrengenden Tag in der Apotheke innerlich unruhig, nervös und überreizt?	Suchen Sie entspannende Aktivitäten, Spaziergänge in der Natur, Ausdauersport, Treffen mit Freunden und Ablenkung.
Sie fühlen sich nach einem Arbeitstag in der Apotheke frustriert und missgelaunt, weil Sie dauernd mit den gleichen Problemen konfrontiert werden?	Suchen Sie Aktivitäten, die den Körper und Geist mit anderem Stimuli anregen: Kreative Tätigkeiten, Musik hören, einen Film schauen, ein Buch lesen.
Sie fühlen sich generell im Berufsalltag unausgefüllt, gelangweilt und unterfordert?	Schauen Sie nach Freizeitaktivitäten, die Sie herausfordern: Ein Ehrenamt oder lernen Sie eine neue Sprache ein neues Instrument oder eine Sportart.
Sie fühlen sich erschöpft und ausgelaugt?	Ruhen Sie sich aus: Gönnen Sie sich eine Auszeit, in der Sie sich entspannen: Sauna, Massage, ein gutes Essen oder einfach nur ausreichend Schlaf.

Tabelle 7: „Erholung – aber richtig!" Modifiziert nach [29]

Eintauchen in die Gegenwelt

Der Beruf ist ein großer Teil der Identität, aber er darf nicht das Einzige bleiben, was einen Menschen ausmacht. Zum Ausgleich braucht der Mensch etwas Eigenes – eine Gegenwelt oder eine Art zweite „Identität". Denn, wenn es mal beruflich nicht rund läuft, gerät die aufgebaute Welt ins Wanken.

Sicherlich können viele Aufgaben auch überfordern, auch die aus der Gegenwelt, denn ein nebenberufliches Studium oder ein Ehrenamt können auch mitunter stressig sein. Dennoch ist es ratsam, nicht ausschließlich im Beruf die Erfüllung zu suchen. In der Gegenwelt gibt es keine Verpflichtung: Sie selbst entscheiden, bis zu welchem Punkt Sie gehen möchten. Ihre Emotionen zählen, und nicht rationale Fakten oder hochattraktive Motive.

Es lohnt sich die Zeit zu investieren, sich mit anderen Menschen über völlig andere Themen auszutauschen, sich inspirieren zu lassen von Dingen, die beruflich auf den ersten Augenblick nicht relevant zu sein scheinen.

Was zählt zur „Gegenwelt"?

- Hobby: Chor und Musikvereine, Sportvereine, Sprachkurse, Nähkurse, Kreativkreise;
- Ehrenamt in einem Verein oder als Einzelperson z. B. Nachhilfeunterricht für PKA oder PTA-Schüler, Lesestunden im Kindergarten oder im Altenheim etc.;
- Weiterbildung, Persönlichkeitsentwicklung: Literaturkreise, nebenberufliches Studium in einer anderen Domäne;
- Freunde;
- Inspirierende Kontakte in den sozialen Netzwerken;
- Sport.

TIPP FÜR DEN ALLTAG

Ausgleich gegen die Über- und Unterforderung im Beruf

Eine Gegenwelt kann sehr bereichernd wirken, sofern die beiden Welten – die berufliche und die Gegenwelt – voneinander getrennt sind. Zwar charakterisiert die Gegenwelt die Freiwilligkeit, doch auch in der Gegenwelt übernehmen Sie Aufgaben, die Sie vollenden sollten zum Beispiel ein Projekt, ein Ehrenamt, ein Studium.

Sofern Sie intrinsisch motiviert sind und eine nebenberufliche Aufgabe freiwillig machen, werden Sie auch Phasen einer sehr großen Anstrengung unbeschadet überstehen.

4.3.3 Sport und Entspannung zwischendurch

Sport ist die einfachste Form, um Stress abzubauen und die Stimmung aufzuhellen. Ob Sie nun Rad fahren, joggen oder im Verein Sport treiben ist unerheblich. Bewegung ist bekanntermaßen aus vielen Gründen gesund. Gerade in Zeiten einer starken Beanspruchung ist es schwierig sich zu überwinden, doch gerade dann hat der Körper die Bewegung am nötigsten.

EXKURS

Sport übt viele positive Effekte auf den Körper aus

- Stoffwechselprodukte werden schneller abgebaut
- Adrenalin und Noradrenalin sowie LDL-Cholesterin werden reduziert
- Die Muskulatur, die Gefäße und Organe werden besser durchblutet und gestärkt
- Das Atemvolumen erhöht sich
- Die Herzkraft nimmt zu und die Pulsfrequenz sinkt
- Schmerzen werden verhindert
- Das überflüssige Fett wird abgebaut
- Konzentration und Gedächtnisleistung werden verbessert
- Das Immunsystem wird gestärkt

Quelle: [77]

Sport übt sehr viele positive Effekte auf den Körper aus, verbessert die Laune und hilft, den mentalen Abstand von Problemen zu bekommen. Sport wird deshalb als eine universelle Stressmanagementtechnik betrachtet, auch wenn sie nicht (immer) zur Lösung der beruflichen Probleme beitragen kann.

Allerdings ist das Laufen an der frischen Luft die einfachste Technik, um Kreativität zu fördern. So ist es durchaus möglich, dass durch die Bewegung auch Ideen, die zur Problemlösung beitragen, entstehen. [49]

Kreativität begünstigt allerdings nicht nur den beruflichen Erfolg und die psychische Gesundheit, sondern auch die Partnerschaft. Fördern Sie also Ihre Kreativität: So wird der Balanceakt zwischen Arbeit und Privatleben für Sie zur leichtesten Übung.

Entspannungstechniken

Im Bereich Stressmanagement gibt es einige anerkannte Entspannungstechniken, die die Erholung und Regeneration effektiv fördern. Nicht nur in der Pause, sondern auch zwischendurch können diese Techniken angewendet werden (Tabelle 8).

Die Techniken müssen von Grund auf erlernt werden, damit sie gezielt helfen können. In diesem Zusammenhang lohnt es sich, an anerkannten Kursen teilzunehmen, die den Einstieg ermöglichen. Achten Sie allerdings auf die Zertifizierung der Kursanbieter. Bei Kursen, die von gesetzlichen Krankenkassen gefördert werden, können Sie von einer sehr hohen Qualität ausgehen. Nicht jede Methode ist für Jeden gleich gut geeignet und wird nicht als hilfreich empfunden – doch um dieses herauszufinden, muss diese Technik erst erlernt und ausprobiert werden.

Zu den bekanntesten Methoden, die auch von den gesetzlichen Krankenkassen als Präventionsleistung anerkannt werden, gehören:

- Progressive Muskelentspannung nach Jacobson
- Yoga
- Autogenes Training

Entspannungsverfahren	Nutzen und Wirkung auf Ihren Körper
Progressive Muskelentspannung nach Jacobson	Diese Technik beruht auf der Erkenntnis, dass Stress Muskel verspannt und Schmerzen verursacht. Durch gezieltes Anspannen und Lösen der Muskulatur, kann der Körper entspannen. Sie lernen, Muskelgruppen bewusst anzuspannen, sie dadurch intensiv zu spüren und anschließend gezielt wieder zu entspannen. Indem Sie Ihr Gefühl für den Gegensatz aus Anspannung und Entspannung schulen, nehmen Sie auch besser wahr, wann sich Ihre Muskulatur stressbedingt verspannt.
Autogenes Training	Sie lernen, durch einfache Übungen selbstständig – „autogen" – einen Entspannungszustand herbeizuführen. Auf diese Weise erhöhen Sie langfristig Ihre Stresstoleranz und verringern gleichzeitig körperliche Stresssignale, wie beispielsweise erhöhten Blutdruck. Die Übungen können Sie nach ein wenig Training überall anwenden – zu Hause, im Büro, in der Schule oder in der Uni.
Yoga	Yoga umfasst vor allem körperorientierte Praktiken: Körperstellungen, Atemübungen und Techniken zur Tiefenentspannung. Mit bestimmten Körperstellungen, den Asanas, und Atem-, Meditations- und Entspannungsübungen aus dem Yoga lernen Sie, Ihren Körper und Ihre inneren Prozesse besser wahrzunehmen.

Tabelle 8: Entspannungsverfahren und ihre Wirkung

TIPP – ENTSPANNUNG, ERNÄHRUNG, STRESSMANAGEMENT

Gesetzliche Krankenkassen fördern Präventionskurse nach § 20 SGB V

Im Bereich Entspannung, Ernährung und Stressmanagement gibt es anerkannte Kurse, die die gesetzlichen Krankenkassen bezuschussen.

Sowohl das Konzept als auch der Kursleiter müssen hohen Standards entsprechen. Die Standards umfassen fachwissenschaftliche, fachpraktische und fachübergreifende Kompetenzen, die Kursleitende im Rahmen ihrer Qualifizierung erworben haben müssen, damit das Präventionsangebot durch Krankenkassen gefördert werden kann.

Alle von den Krankenkassen durchgeführten Präventions- und Gesundheitsförderungsmaßnahmen können evaluiert werden und auf die Wirksamkeit überprüft werden.

Quelle: www.gkv-spitzenverband.de (Abrufdatum: 19.1.2021)

4.3.4 Förderung der positiven Emotionen am Arbeitsplatz

Je mehr Ihnen eine Angelegenheit am Herzen liegt, desto präsenter wird sie in Ihrem Kopf. Versuchen Sie nicht zwanghaft, Ihre Gedanken um die Arbeit in Ihrer Freizeit zu unterdrücken, sondern positiv über sie nachzudenken. Einer der wichtigsten Ziele der arbeitspsychologischen Interventionen ist es, nicht das Nachdenken über die Arbeit aus dem Kopf zu verbannen, sondern sich vielmehr auf die positiven Aspekte zu konzentrieren, die mit der Arbeit zusammenhängen. Positive Gedanken geben Raum für Kreativität frei, negative dagegen fördern das belastende Grübeln.

Positive Emotionen machen ein erfülltes Leben aus

Das erfüllte Leben beginnt nicht am Arbeitsplatz oder auch nicht erst nach Feierabend oder am Wochenende. Der Beruf und das private Leben wirken in gegenseitiger Ergänzung und liefern die besten „Zutaten" zum erfüllten Leben, denn nicht alle Aspekte können aus einem Lebensbereich geschöpft werden.

Setzten Sie sich realistische Ziele und trennen Sie nicht ganz strikt den Beruf von Ihrem Leben. Dieses Ziel ist genauso unerreichbar, wie paradox und zehrt nur unnötig an Ihren Kräften.

Positive Emotionen wirken zwischenmenschlich wie Transmitter: Sie sind nicht die Folge, sondern die Voraussetzung für ein gutes Arbeitsergebnis. Das regelmäßige Erleben von positiven Emotionen (Zuversicht, Freude, Spaß, Zufriedenheit, Stolz u. v. m.) gehört zu einem gelungenen Leben dazu. Positive Emotionen sind der Treibstoff für unsere Motivation: Wir gehen gerne Tätigkeiten nach, die uns Spaß machen und meiden Situationen, die negative Emotionen erzeugen. Die Basis einer guten Arbeitsbeziehung sind damit nicht nur die fachlichen, sondern auch die sozialen und emotionalen Kompetenzen der Partner. Menschen, die im Arbeitsleben engagiert und positiv gestimmt auf ein gemeinsames Ziel arbeiten, sich gegenseitig wertschätzen, fachlich austauschen und kommunikativ „auf der gleichen Wellenlänge schwimmen" pflegen eine positive Arbeitsbeziehung (High-Quality-Connection). Sie kommunizieren miteinander auf „Augenhöhe", auch wenn die Rollen, die sich aus der Funktion der Personen ergeben, häufig ungleich verteilt sind. Solche Beziehungen am Arbeitsplatz sind nicht nur eine schöne persönliche Erfahrung und berufliche Entwicklung für beide Seiten, sondern sie verbessern auch die Arbeitsqualität und die Produktivität. [20, 43, 18].

TIPP FÜR DEN ALLTAG

Fördern Sie gute Beziehungen am Arbeitsplatz

1. Lassen Sie sich durch permanent schlechte Nachrichten in der Apothekenwelt nicht emotional runterziehen. Andernfalls werden Sie die negative Stimmung auf Ihre Kollegen übertragen, sodass diese auch den Spaß an der Arbeit und ihre Motivation verlieren.
2. Schenken Sie Ihren Kollegen Zeit, und tauschen Sie sich mit ihnen – so sie interessiert sind – beruflich und privat aus, z. B. indem Sie zusammen Kaffee trinken gehen oder sich (bei weiter entfernten Filialen) im „virtuellen" Raum treffen.
3. Lassen Sie Ärger und Kritik auf beiden Seiten zu: Positive Arbeitsbeziehungen sind flexibel und halten Belastungen aus. Negative Emotionen zeugen davon, dass eine (berufliche) Beziehung wichtig ist. Gleichgültigkeit bedeutet demgegenüber das „mentale Begräbnis".
4. Wenn Sie Sympathie und Wertschätzung für Ihre Kollegen empfinden und deren Leistungen anerkennen, sollten Sie das auch zeigen.
5. Integrieren Sie Lachen und Spaß in Ihren Berufsalltag, doch folgen Sie prinzipiell dem Motto: „Erst die Arbeit, dann das Vergnügen!"

Quelle: [18]

5 Stressprävention in der Apotheke

„Ihre Gesundheit liegt uns am Herzen" ist ein häufig zu lesender Slogan in der Apothekenwerbung. Kundenorientierung, Kundenbindung und Kundenzufriedenheit sind Ziele alltäglicher Bemühungen der Apothekenmitarbeiter. Aber sind die Bemühungen der Apothekeninhaber auch auf das Wohlbefinden der Mitarbeiter gerichtet? Namhafte weltweite Konzerne und Unternehmen werben schon seit langer Zeit sowohl um ihre Kunden als auch um ihre Mitarbeiter. Denn ohne gesunde und leistungsfähige Mitarbeiter gerät der Erfolg des Unternehmens schnell in Gefahr. Im Folgenden erfahren Sie, wie Sie das betriebliche Gesundheitsmanagement in der Apotheke etablieren können.

Beurteilung der psychischen Gefährdung ist verpflichtend

Das Arbeitsschutzgesetz (ArbSchG) verpflichtet jeden Unternehmer, der Mitarbeiter beschäftigt, zur Beurteilung der Belastungen bei der Arbeit. Seit dem 1. Januar 2014 sind auch explizit psychische Belastungen im Gesetz aufgeführt, die ermittelt und dokumentiert werden müssen. Im Falle der Nichteinhaltung der gesetzlichen Vorschrift können auf den Unternehmer Regressforderungen seitens der Krankenkassen, Rentenversicherung oder der Berufsgenossenschaft zukommen.

Die Gefährdungsbeurteilung nach § 5 Arbeitsschutzgesetz stellt den Ausgangspunkt für ein erfolgreiches Gesundheitsmanagement in einem Unternehmen dar.

Wer kann sie durchführen?

Die Beurteilung der psychischen Belastungen kann der Arbeitgeber selbst durchführen oder auch externe fachkundige Berater (z. B. Betriebsärzte, Arbeitspsychologen, Fachkräfte für das betriebliche Gesundheitsmanagement) damit beauftragen. Die Aufgabe, alle psychischen Belastungen am Arbeitsplatz zu ermitteln, ist jedoch komplex und arbeitsplatzspezifisch, da diese je nach Apotheke und deren Ausstattung und Schwerpunkt unterschiedlich sein können. Beispielsweise können Mitarbeiter einer Apotheke, die in der Nähe einer Notfallambulanz gelegen ist, mit ganz anderen Problemen und psychischen Belastungen konfrontiert werden als eine Apotheke in der Einkaufspassage in der Innenstadt.

Die Apothekeninhaber haben, wie jeder Arbeitgeber, eine gesetzliche Fürsorgepflicht: Der Arbeitsplatz darf die körperliche und psychische Gesundheit der Mitarbeiter nicht gefährden. Die wichtigsten gesetzlichen Grundlagen, die mittelbar und unmittelbar dem Schutz der Gesundheit der Mitarbeiter dienen sind:

- das Arbeitsschutzgesetz,
- das Arbeitssicherheitsgesetz,
- das Arbeitszeitgesetz sowie
- die Sozialgesetzbücher (SGB), in denen die gesetzliche Unfallversicherung und das betriebliche Eingliederungsmanagement verankert sind

- die Arbeitsstättenverordnung (ArbStättV),
- die Biostoffverordnung (BioStoffV),
- die Betriebssicherheitsverordnung (BetrSichV),
- die Gefahrstoffverordnung (GefStoffV),
- die Verordnung über Sicherheit und Gesundheitsschutz bei der Benutzung persönlicher Schutzausrüstungen bei der Arbeit (PSA-BV) sowie
- die Verordnung zur arbeitsmedizinischen Vorsorge (ArbMedVV).

Darüber hinaus müssen sowohl die Vorschriften der Berufsgenossenschaften, als auch die Apothekenbetriebsordnung berücksichtigt werden. Der Arbeitgeber ist zur Einhaltung aller gesetzlichen Vorschriften am Arbeitsplatz verpflichtet. Dem Mitarbeiter obliegt jedoch nach § 16 ArbSchG eine Mitwirkungs- und Unterstützungspflicht. Demnach hat der Mitarbeiter alle festgestellten Gefahren für die Sicherheit und Gesundheit seinem Vorgesetzten bzw. Arbeitgeber unverzüglich zu melden. [12, 13]

5.1 Mit Stress- und Gesundheitsmanagement gegen den Fachkräftemangel?

Die Folgen des Personalmangels zeigen sich jeden Tag aufs Neue. Nicht nur Apotheken, sondern auch viele andere Branchen stehen vor dem Problem des Fachkräftemangels. Attraktive und gesunde Arbeitsplätze sind weniger davon betroffen als wenige attraktive Arbeitsplätze.

Apotheken haben den Gesundheitsauftrag und können sich zu Spezialisten in Sachen Stressprävention und Gesundheitsförderung entwickeln. Ein professionelles und bedarfsgerechtes Stress- und Gesundheitsmanagement können Apotheken deshalb nicht nur für ihre Mitarbeiter, sondern auch für andere Unternehmen und Betriebe anbieten. Hier liegen Chancen und noch ein unentdecktes Potenzial, sich als Apotheke vor Ort auf dem Gesundheitsmarkt zu behaupten und mehr als nur Abgabestelle für Arzneimittel zu sein.

Die Apotheke kann deshalb zum wichtigen Ort der Prävention und als Ansprechpartner für zahlreiche andere Unternehmen werden und somit aktiv einen persönlichen Kontakt zu Patienten und Fragesuchenden herstellen.

Stress- und Gesundheitsmanagement kann zu einer exklusiven Apothekenleistung werden, die die Apotheken vor Ort stärken und sie von den Versandapotheken abgrenzen kann.

Was muss beachtet werden?

Der Blick über den Tellerrand hinaus und die Bereitschaft mit anderen Experten zu arbeiten, ist hier die Voraussetzung, damit eine solche Leistung wie Stress- Gesundheitsmanagement in der Apotheke auch eine hohe Qualität beibehält. Professionelle Stressmanagementkurse können pharmazeutische Mitarbeiter nur dann anbieten, wenn sie eine entsprechende (akademische) Qualifikation vorweisen können. Und auch vor dem Hintergrund des Personalmangels ist es ratsam, nicht die PTAs und Approbierten für Stress- und Gesundheitsmanagementangebote einzusetzen, sondern andere qualifizierte Fachkräfte.

Pharmazeutische Fachkräfte kommen ebenfalls im Bereich Gesundheitsmanagement zum Einsatz, wenn es darum geht Arzneimittel, Nahrungsergänzungsmittel, Hilfsmittel und Medizinprodukte vorzustellen und dazu im Bedarfsfall zu beraten. In erster Linie ist allerdings das pharmazeutische Personal weiterhin für den Einsatz im HV und für die Arzneimittelherstellung einzusetzen.

Zusammenarbeit mit Experten

Sowohl die **gesetzlichen Krankenkassen** als auch die **Berufsgenossenschaften** stehen Apotheken und anderen Betrieben in Sachen betriebliches Gesundheitsmanagement (BGM) beratend zur Seite. Die Krankenkassen **beteiligen** sich sogar an den Kosten für BGM-Maßnahmen, sofern die Anbieter und ihre Konzepte hohen Standards entsprechen.

Vorausgesetzt ist allerdings, dass die Trainer nach § 20 SGB V zertifiziert sind.
Wer professionelle Partner für das BGM sucht und auch Gesundheitsmanagement anbieten möchte, sollte entsprechend qualifizierte Personen mit einem **anerkannten Abschluss** beauftragen, also z. B.

- Fachkräfte für BGM,
- Gesundheitsökonomen,
- Psychologen,
- Betriebsärzte und
- Physiotherapeuten.

Vorsicht hingegen bei Berufsbezeichnungen wie „diplomierter Coach", „psychologischer Berater", „Trainer" oder „Master Coach", denn sie sind nicht geschützt. Schauen Sie sich die Qualifikationen der Anbieter daher genau an, vergleichen Sie die Inhalte und Dauer der Ausbildung, die interdisziplinäre Erfahrung etc. – nicht nur, um Ihren Geldbeutel zu schonen, sondern vor allem auch, um keine Zeit mit fragwürdigen, nicht evidenzbasierten Maßnahmen zu verlieren.

Apothekenmitarbeiter können als wichtige Akteure im Bereich betriebliches Gesundheitsmanagement mitwirken und mit dem fundierten Fachwissen die öffentliche Gesundheit stärken und Aufklärungsarbeit leisten.

Den Umsatz mit BGM steigern

Einige Apotheken haben bereits erfolgreich ein BGM für ihre Mitarbeiter implementiert. Hier fungiert eine angestellte Fachkraft für BGM als Berater für die Apotheken- und gegebenenfalls für die Filialleitung. Diese Fachkraft kümmert sich zum einen um die einzelnen aufgeführten BGM-Schritte, hilft Ihnen zum anderen aber auch dabei, sich **mit weiteren Experten zu vernetzen**.

Die entwickelten Maßnahmen können Sie nicht nur Ihrem eigenen Apothekenteam, sondern auch – **gegen ein Entgelt** – Ihren Kunden sowie Apothekenkooperationen bzw. anderen Unternehmen anbieten. Somit profitieren Sie gleich zweifach von einem professionellen BGM: Denn die Maßnahmen haben dann nicht nur langfristig gesundheitsförderliche Effekte und führen zu einer verbesserten Leistung Ihres Teams, sondern steigern Ihren Umsatz vielmehr auch direkt.

5.2 Grundlagen des betrieblichen Gesundheitsmanagements

Gefährdungen durch Stoffe und Unfälle kommen in der Apotheke inzwischen selten vor, demgegenüber nimmt allerdings die psychische Belastung der Mitarbeiter stetig zu. Die Zahl der Krankmeldungen durch psychische Erkrankungen liegt bei Angehörigen der Berufe im Verkauf von drogerie- und apothekenüblichen Waren bei 17 Prozent der gemeldeten Arbeitsunfähigkeitstage und somit über dem Durchschnitt aller Branchen – dieser liegt derzeit bei 11,3 Prozent. Im Weiteren stehen mit 17,3 Prozent die Erkrankungen des Muskels-Skelett-Apparates als Gründe für die Krankmeldungen. [5]

Diese Zahlen zeigen deutlich, dass sich die gesundheitsfördernden Maßnahmen in der Apotheke im verstärkten Maße auf den Ausbau der mentalen Ressourcen und der körperlichen Fitness der Angestellten, sowie auf eine ergonomische Ausstattung des Arbeitsplatzes richten müssen.

BGM ist zeitgemäß

Wer als Arbeitgeber **attraktiv und zukunftsorientiert** sein will, kümmert sich um die Gesundheit seiner Mitarbeiter. Denn nur gesunde Mitarbeiter können eine hohe Leistung erbringen. Das BGM ist eine systematische Strategie, die die gesetzlichen Vorgaben nahtlos, nachhaltig und langfristig mit dem beruflichen Alltag verknüpft. Ziel ist es, die beruflichen Herausforderungen an die psychische und physische Gesundheit der Mitarbeiter zu erkennen, die Belastungen zu minimieren und die Arbeitsfähigkeit der Mitarbeiter zu erhalten bzw. zu verbessern. Unter **Arbeitsfähigkeit** verstehen wir dabei die psychische und körperliche Fähigkeit eines Arbeitnehmers, die ihm übertragenen Aufgaben erfolgreich zu bewältigen (siehe Abbildung 4 und Exkurs).

Das BGM ist weder eine Erlebnis- oder Teambildungsveranstaltung mit hohem Spaßfaktor, noch ein Gesprächskreis, noch ein kurzfristiges Coachingprojekt. Ein zeitgemäßes BGM fokussiert sich primär auf die langfristige Organisationsentwicklung.

Dazu gehören **verhaltenspräventive Maßnahmen** wie z. B. arbeitspsychologische Beratungsangebote und Anti-Stress-Trainings, eine Rückenschule und eine ergonomische Arbeitsplatzausstattung, aber vor allem auch ein gesundheitsförderlicher Führungsstil.

Wer ihn ausübt, gibt seinen Mitarbeitern das Gefühl, etwas bewirken zu können („Selbstwirksamkeit"), sodass alle gerne helfen, ihr Arbeitsumfeld gesund zu gestalten. Wenn Chefs gegen den Willen ihrer Mitarbeiter gesundheitsförderliche Maßnahmen anordnen, wird das sicherlich nicht gut ankommen.

EXKURS

Das „Haus der Arbeitsfähigkeit“ (nach [66])

Sein Erdgeschoss bildet die Gesundheit – sämtliche Veränderungen im Befinden wirken sich unmittelbar auf die Arbeitsfähigkeit aus. Arbeit muss mit den Kompetenzen, den Werten und den organisationalen Rahmenbedingungen im Einklang stehen. So können etwa Unter- bzw. Überforderung, eine schlechte Führung oder ein nicht adäquat ausgestatteter Arbeitsplatz die Arbeitsfähigkeit vermindern. Ebenfalls wichtig: Äußere Faktoren, wie z. B. Medienberichte, Gesetzesänderungen oder die infrastrukturelle Anbindung der Apotheke. Auch wenn der Arbeitgeber keinen direkten Einfluss auf alle Faktoren hat, sollten diese bei der gesundheitsförderlichen Gestaltung der Apotheke berücksichtigt werden.

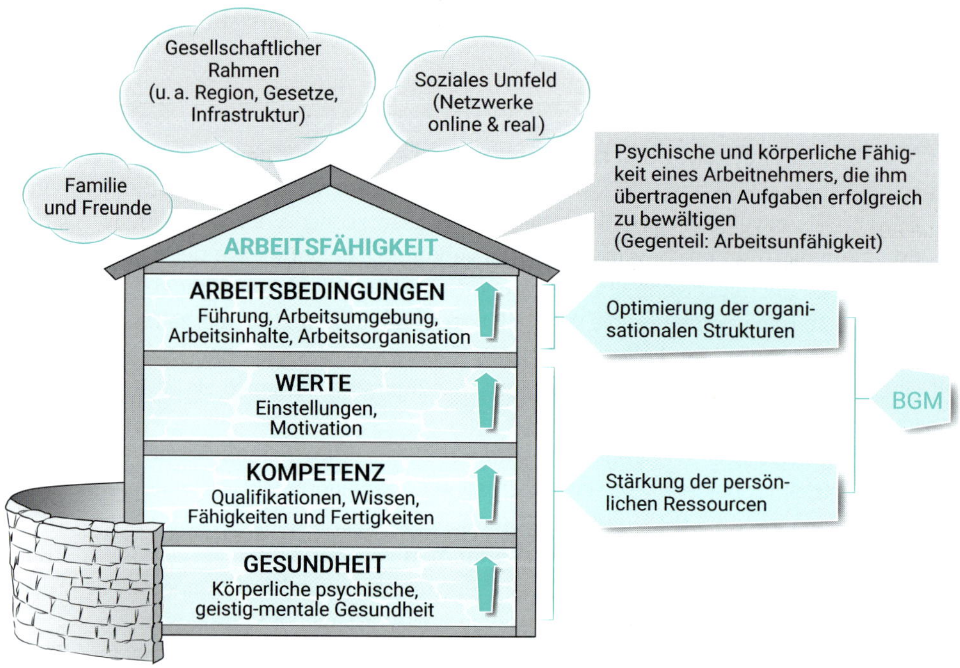

Abbildung 4: Haus der Arbeitsfähigkeit (modifiziert nach [66]): Positiver und negativer Einfluss der äußeren und der internen Faktoren auf die Arbeitsfähigkeit eines Mitarbeiters. Gesundheit stellt den Grundbaustein dar. Quellen: [66, 40]

5.3 Wie sich das Stresslevel bei Mitarbeitern diagnostizieren lässt

Die Diagnostik dient dazu, alle stressauslösenden Faktoren, die sowohl zur psychischen als physischen Belastung bei Mitarbeitern führen können, zu erfassen.

Die eingesetzten Testverfahren zur Erfassung des Stress- und des Belastungslevels sollten den allgemeinen wissenschaftlichen Gütekriterien entsprechen. Diese Verfahren werden generell von Psychologen genutzt, und viele von ihnen lassen sich auch nur von Psychologen über die „Testzentrale für psychologische Tests" beziehen. Soweit das gewährleistet ist, können Sie also von einer hohen Qualität des jeweiligen Verfahrens ausgehen. Mit einem eindimensionalen und einmaligen Verfahren, das den punktuellen Status quo ermittelt, erhalten Sie hingegen keine zuverlässigen Ergebnisse. Warum?

Zum einen zeigt das Beispiel „Fehlzeiten", dass es vielfältige Ursachen für ein Problem gibt: Denn Fehlzeiten lassen sich nicht nur durch Erkrankungen (auch wegen suboptimaler Arbeitsbedingungen) erklären. Gründe sind daneben möglicherweise auch persönliche Einstellungen, der familiäre Hintergrund oder persönliche Probleme (z. B. Liebeskummer oder die Sorge um Angehörige).

Zum anderen können die Ergebnisse der Datenerhebung von bestimmten Ereignissen (z. B. der Corona-Pandemie) oder der Jahreszeit abhängig sein und sollten deshalb entsprechend im Jahresverlauf wiederholt werden.

Viele Fragebögen und Umfragen machen das Team skeptisch

Aus betrieblicher Sicht müssen die aus den Befragungen gewonnenen Daten relevant, effizient beschaffbar, transparent und verständlich sein. Werden allerdings (zu) viele Verfahren eingesetzt und umfangreiche Befragungen durchgeführt, stößt das bei Mitarbeitern möglicherweise auf Widerstand.

Gleichzeitig können aber durch sehr differenzierte Fragen auch falsche Erwartungen geweckt werden. Denn wenn die später angebotenen BGM-Maßnahmen nicht alle Wünsche und Probleme abdecken, werden die Mitarbeiter vermutlich enttäuscht sein und das Angebot entweder nicht nutzen wollen oder ihm zumindest skeptisch gegenüberstehen.

Vielfältige Datenquellen nutzen

Eine Mitarbeiterbefragung bildet zwar das Herzstück der Diagnostik, dennoch stehen noch verschiedene weitere Datenquellen zur Verfügung: Gefährdungsbeurteilung, Personalstrukturanalyse, Fehlzeitenstatistik und Fluktuationsanalyse (Tabelle 9).

Worauf man bei den Dienstleistern achten muss

Um den Aufwand gering zu halten und die Diagnostik effektiv zu gestalten, ist es wichtig, Spezialisten einzusetzen. Dabei lohnt es sich, nicht nur deren Preise zu vergleichen, sondern auch ihren Service.

Wichtig ist es bei den Anbietern folgende Fragen zu klären:

- inwieweit sie bereits Erfahrungen im Gesundheitswesen gesammelt haben,
- inwieweit sie die Befragung tatsächlich begleiten (z. B.: Sprechen sie die Mitarbeiter selbst an? Unterstützen sie bei der Datenerhebung?),
- wie sie welche Befragungsinstrumente bereitstellen (Handelt es sich um anerkannte oder um „hauseigene" Verfahren? Geschieht das Ganze online oder schriftlich-analog?),
- wie sie die Ergebnisberichte erstellen (Werden die Ergebnisse in einer für Sie verständlichen Form schriftlich präsentiert? Und werden Maßnahmen empfohlen – oder nur statistische Kennzahlen angegeben, mit denen Sie wenig anfangen können?).

Sowohl arbeitsorganisatorische Umstrukturierungen als auch diverse analoge und digitale BGM-Maßnahmen können häufig ohne Begleitung von externen Fachleuten in der Apotheke eingeführt und in den Arbeitsalltag integriert werden. Die Diagnostik jedoch, als den wichtigsten Schritt auf dem Weg zur Implementierung des BGM, sollten Sie einem Spezialisten anvertrauen.

EXKURS

Professionelle Beratungsstellen
Der Berufsverband Deutscher Psychologinnen und Psychologen (BDP) und der Bundesverband betriebliches Gesundheitsmanagement (BBGM) unterstützen bei der Suche nach qualifizierten Diagnostik-Dienstleistern. Kontaktmöglichkeiten findet man auf den Webseiten der Verbände.
Auf der Homepage von COPSOQ befinden sich Informationen zum weltweit für die Diagnostik eingesetzten Copenhagen Psychosocial Questionnaire (COPSOQ). Dieser Fragebogen kann branchen- sowie betriebsspezifisch modifiziert und auch in kleinen Teams verwendet werden. Neben psychischen Beschwerden erfasst er durch Fragen zur Arbeitsumgebung auch körperliche Belastungen.

Verfahren	Funktionsweise	Beurteilung
Mitarbeiterbefragung	Erfassen des Ist-Zustandes durch Beschäftigtenmeinungen zu diversen Fragestellungen (Arbeitsplatzgestaltung,Ergonomie, Teamklima, psychische Belastung, Arbeitseinstellung etc.)	Aussagekraft hängt von der Qualität des Verfahrens ab; Durchführung erfordert qualifiziertes Personal mit methodischen Statistik- und Diagnostik-Kenntnissen; liefert keine fertigen Maßnahmenvorschläge – zusätzliche Ursachenforschung notwendig
Gefährdungs-Beurteilung	Ermittlung sämtlicher gesundheitlicher Gefährdungen am Arbeitsplatz(Arbeitsstoffe,Arbeitsmittel, Arbeitsumgebung etc.), um Arbeitsunfälle und Berufskrankheiten zu verhindern	Verfahren ist aufwendig, aber nach § 5 Arbeitsschutzgesetz (ArbSchG) verpflichtend; in Verbindung mit einer Mitarbeiterbefragung und Fehlzeitenanalyse ist Ursachenforschung möglich
Personalstrukturanalyse	Ermittlung von Geschlecht, Alter, Herkunft, Bildung etc.	Als Grundlage für die strategische Personalentwicklung nützlich, z. B. um die Akzeptanz sowie den aktuellen und zukünftigen Bedarf an BGM-Maßnahmen zu ermitteln (wie altersgerechter bzw. mütterfreundlicher Arbeitsplatz)
Fehlzeitenanalyse/ Fluktuationsrate	Auswertung bereits vorliegender Daten in Abhängigkeit von Alter, Geschlecht, Beschäftigungsmodus(Teilzeit/Vollzeit),Betriebszugehörigkeit etc.	Vorteil: ein sehr geringer Aufwand. Die Analyse kann Aufschluss darüber geben, wie sich die Fehlzeiten oder die Fluktuation im Verlauf verändern. Nachteil: Kein Rückschluss auf Ursachen möglich.

Tabelle 9: Datenquellen zur Erfassung der Gesamtsituation

5.4 Alltagsnahe Stress- und Gesundheitsmanagementangebote für Apotheken

Zeitgemäßes Stress- und Gesundheitsmanagement verzahnt analoge (klassische) und digitale Lösungen. Es gibt zahlreiche Maßnahmen, die mentale Belastung durch Stress, schlechte Führung und/oder Zeitdruck beheben können. Durch (ergonomische) Lösungen, die an die jeweilige Tätigkeit angepasst sind, oder durch Gesundheitskurse lässt sich aber auch die körperliche Belastung vieler Mitarbeiter effektiv ausgleichen.

Die Wahl der diagnoseentsprechenden BGM-Maßnahme ist erfolgsrelevant: Sie würden sicherlich keinem Asthmapatienten Aspirin zur Behandlung seiner Atembeschwerden verkaufen, denn eine solche Empfehlung würde ihm bei der Atemnot nicht helfen und durch Nebenwirkungen sogar schaden. Auch eine professionelle BGM-Diagnostik nützt dem Team nichts, wenn die eingeleiteten Maßnahmen dafür nicht geeignet sind, die aufgedeckten „Teamkrankheiten" zu behandeln oder die Gefahren zu beseitigen.

5.4.1 Klassische BGM-Angebote

Die klassischen (analogen) Maßnahmen der betrieblichen Gesundheitsförderung, sind Kurse und Angebote, die ohne Rückgriff auf digitale Medien verwirklicht werden können. Dazu zählen z. B. Rückenkurse, Muskelaufbautrainings oder Gewichtsreduktionskurse. Sie werden hauptsächlich durch Mitarbeiter in Anspruch genommen, die sich ohnehin schon für das Thema interessieren oder die bereits entsprechende Beschwerden haben. Analoge Maßnahmen gelten als besonders effektiv. Der Nachteil solcher Maßnahmen ist jedoch der räumliche, organisatorische und zeitliche Aufwand, denn die Kurse finden zu festen Zeiten und Orten statt und dieses muss sowohl im Dienstplan als auch in der Freizeitgestaltung der Mitarbeiter berücksichtigt werden. Der große zeitliche Aufwand ist nicht selten der Grund, warum viele Maßnahmen scheitern oder von Mitarbeitern von Beginn an nicht akzeptiert werden.

Beispiele für klassische BGM-Maßnahmen

- Kurse zur Kräftigung der Rückenmuskulatur und zur gezielten Stärkung einzelner Muskelgruppen im Fitnessstudio;
- Sport in der Gemeinschaft: Lauftraining, Radtouren, Aktionen „Mit dem Fahrrad zur Arbeit";
- Physiotherapeutische Maßnahmen: Manuelle Therapie, Massage etc.
- Personal- und Organisationsentwicklung z. B. PC-Kurse, Sprachkurse, Weiterbildungen, Nachholen von fehlenden Kompetenzen,
- Gesundheitsförderung wie Stress- und Burnout-Präventionsseminare, Ernährungs- und Gewichtsoptimierung-Kurse;
- Vereinbarkeit von Familie und Beruf und Dienstplangestaltung: Flexible Arbeitszeiten, Home-Office,
- Umgestaltung des Arbeitsplatzes: Bildschirmbrille, ergonomische Arbeitsplätze im HV, Rezeptur und im Bereich Warenwirtschaft;

- Professionelle Führungskräftetrainings z. B. Potenzialanalyse bei Mitarbeitern, Gesprächsführung, Mediation, Partizipation, Konfliktmanagement etc.;
- Förderung der Selbstmanagement- und Organisationskompetenzen: To-Do-Listen, Aufgabenbücher, Kanban-Tafel etc.

Gesunde Führung minimiert Stress
Ein Vorgesetzter, der hinter seinen Mitarbeiter steht, ist die wichtigste Ressource um psychischen Druck am Arbeitsplatz abzupuffern. Unberechtigte Kritik, emotionale Manipulation und dauerhafte Verunsicherung seitens der Vorgesetzten üben einen enormen psychischen Druck aus und können das Wohlbefinden der Mitarbeiter ernsthaft belasten und das Engagement gefährden.

Gesunde Führung ist deshalb ein wichtiges BGM-Instrument, um krankheitsbedingte Fehlzeiten zu reduzieren, Konflikte im Team zu managen, die Motivation zu erhalten und letztendlich, um Burnout und Kündigungen zu vermeiden.

Stressprävention durch Personalentwicklung
Weiterbildungen und Personalentwicklungsmaßnahmen stellen eine wichtige Säule der instrumentellen Stressbewältigung dar, da sie die potenziellen Ursachen einer psychischen Belastung direkt angehen. Fehlende Kompetenzen führen dazu, dass die Arbeitstätigkeit die Mitarbeiter überfordert und sie psychisch belastet. Insbesondere im Hinblick auf die rasanten Entwicklungen im Bereich Digitalisierung und Globalisierung muss der Ausbau der Fertigkeiten im Bereich digitale Medien und Fremdsprachen stärker gefördert werden. Fehlende Kenntnisse können nicht nur die Mitarbeiter stressen, sondern gefährden auch die Arbeitsqualität. Die Personalentwicklungsmaßnahme darf sich dabei nicht nur auf „learning on the job" durch „eingearbeitete" Kollegen beschränken, sondern bedarf einer systematischen und entsprechend auf die Berufsgruppe didaktisch aufbereiteten Einführung durch Experten.

Verbesserung der Arbeitsorganisation
Um hohen Anforderungen und der Informationsflut gerecht zu werden, sind Fehlermanagement und Arbeits- und Wissensorganisation Kernkompetenzen, die bei den Mitarbeitern ausgebaut werden müssen. Eine Anwendung von methodisch einfachen analogen Zeitmanagementtechniken (z. B. Schwarzes Brett, To-Do-Listen, „Eisenhower-Prinzip", Kanban-Tafel), erlauben eine Zielfokussierung, Zeitstrukturierung, bessere Aufgabenteilung, verhindern Unterbrechungen, minimieren Fehler und „Multitasking". Vermitteln Sie daher in (Pflicht)-Abendveranstaltungen nicht nur pharmazeutisches Wissen, sondern kümmern Sie sich auch um Fortbildungen, die Selbstmanagement- Kompetenzen bei Ihren Mitarbeitern fördern.

Wer bietet BGM-Maßnahmen an?
Bei der Wahl der richtigen Maßnahme wird empfohlen, sich an Spezialisten auf einem bestimmten Gebiet des BGMs zu wenden (Tabelle 10).

Maßnahmenbereich	Ansprechpartner und Anbieter
Teamkonflikte Teambuilding Stressmanagement	Psychologen, Arbeitspsychologen, approbierte Psychotherapeuten, Kommunikationswissenschaftler, Krankenkassen und zertifizierte Präventionsanbieter, Rechtsanwälte und Soziologen mit einer Zusatzqualifikation im Bereich Mediation und Konfliktmanagement
Personalentwicklung & Personalführung	Arbeitspsychologen und Betriebswirte mit Spezialisierung auf Personalwesen und Führungskräftetraining, Aus- und Fortbildungsinstitutionen, staatliche und private Bildungseinrichtungen
Ergonomie & Arbeitssicherheit	Fachkräfte für Arbeitssicherheit, Optiker, Dienstleister für ergonomische Lösungen und Unterstützung im Arbeits- und Gesundheitsschutz, Berufsgenossenschaft
Organisation & Optimierung der Arbeitsabläufe	Arbeits- und Organisationspsychologen, Wirtschaftspsychologen, Projektmanager und Projektentwickler
Bewegung & Ernährung	Betriebsärzte, Physiotherapeuten, Gesundheitszentren, Sport- und Fitness-Anlagen, Ernährungsberater und Diätassistenten

Tabelle 10: Maßnahmen und Anbieter im Bereich BGM

5.4.2 Digitale BGM-Angebote

Die digitalen BGM-Anwendungen sollen die analogen BGM-Methoden **unterstützen**, können sie aber nicht ersetzen. So vermögen digitale Anwendungen zwar maßgeschneiderte Workouts vorschlagen, zum Training zu motivieren, Vitalfunktionen aufzuzeichnen, Erfolge zu überwachen, Entspannung zu fördern oder die Arbeitsorganisation zu erleichtern. Eine App allein kann aber weder Stress managen noch einen straffen Bauch zaubern oder die Rückenmuskulatur stärken – wenn man nicht gleichzeitig gezielt klassisch trainiert. Doch was sind die relevanten digitalen BGM-Methoden und -Instrumente?

Wearables und Fitness-Apps

In der Apotheke legen wir am Tag wesentlich weniger Schritte zurück, als wir vermuten. Vielen Kollegen ist aber weder der eigene Bewegungsmangel noch das Ungleichgewicht zwischen Kalorienaufnahme und -verbrauch bewusst. Wearables oder Smartphone-Apps können dieses Bewusstsein schärfen.

Wearables sind „Minicomputer", die z. B. in Form einer Uhr (Smartwatch) oder eines Armbands einzelne Fitnessfunktionen überwachen, eingehende Textnachrichten und E-Mails anzeigen oder auch zur Terminerinnerung (Arbeitsorganisation), Navigation etc. benutzt werden können. Sie eignen sich besonders gut für den Apothekenalltag, da sie **unkompliziert und unauffällig** am Körper getragen werden können.

Die Kenntnis des eigenen Bewegungsverhaltens, des Kalorienverbrauchs und der diversen Vitalfunktionen (Herzfrequenz, Puls, Blutdruck etc.) kann die Mitarbeiter veranlassen, ihren eigenen Körper besser wahrzunehmen und sie dazu motivieren, sich mehr um ihre eigene Gesundheit zu kümmern.

Auf dem Markt werden diverse „Gadgets“ in **unterschiedlichen Preissegmenten und von unterschiedlicher Qualität** angeboten. Bevor Sie sich aber nun auf den Weg in einen Sport- bzw. Elektronikladen machen oder nach einem Angebot im Internet stöbern, sollten Sie sich vorab über die vielfältigen Funktionen informieren.

Online-Coachings und -Trainings

Apothekenmitarbeiter gelten als eine psychisch besonders belastete Berufsgruppe. Deshalb sind Anwendungen, welche die psychische Belastung mindern, die Entspannung fördern und die Stressmanagementtechniken vermitteln, sehr zu empfehlen.

Was aber ist mit denjenigen Mitarbeitern, die tagsüber nicht können bzw. die aufgrund der recht starren Arbeitszeiten keine Möglichkeit haben, flexibel an Präsenzkursen teilzunehmen? Diesen Mitarbeitern ermöglichen Online-Coachings und -Trainings einen einfachen Einstieg in das Stressmanagement. Die gesetzlichen Krankenkassen stellen ihren Versicherten evaluierte Online-Coaching-Plattformen zur Verfügung, die durch qualifizierte Fachkräfte betreut werden. Versicherte können sich problem- und vor allem auch kostenlos bei den Krankenkassen über das Kursangebot erkundigen. Bei der Wahl einer Online-Intervention (Mentales Training, Stressmanagementtraining o. ä.) ist es zudem ratsam auf zertifizierte Programme, die zurückzugreifen (siehe Exkurs).

Interessant sind auch die sogenannten „Blended Trainings und Coachings“: Sie verknüpfen die Online-Betreuung mit einem Präsenzangebot.

EXKURS – ZERTIFIZIERTE APPS UND ONLINE-INTERVENTIONEN

Gütesiegel „Geprüfte Psychologische Online-Intervention“ und „Geprüfte Psychologische App“

Der Berufsverband Deutscher Psychologinnen und Psychologen (BDP) vergibt für psychologische Online-Interventionen und Apps ein Gütesiegel. Die Zertifizierung bestätigt die Wirksamkeit einer solchen psychologischen Intervention und zusätzlich die Qualitätsaspekte Transparenz, Datenschutz, Nutzerfreundlichkeit und die Professionalität involvierter Personen einschließlich einer ethischen Verpflichtung.

https://www.bdp-verband.de/profession/zertifizierungen/guetesiegel-gepruefte-psychologische-online-intervention.html

Die Pause: Digitales und klassisches BGM kombiniert

Pausen sind zwingend notwendig, um sich körperlich und mental regenerieren zu können. Ein optimaler Pausenraum verfügt nicht nur über einen guten Kaffeeautomaten und eine Mikrowelle für das mitgebrachte Essen, sondern bietet vor allem auch die Möglichkeit, sich gut zu entspannen und abzuschalten.

In einigen Apotheken gibt es bereits einen sogenannten Silent Room, der von jeweils einem Mitarbeiter für 20 Minuten genutzt werden darf. Die Nutzungszeit gilt selbstverständlich als Pausenzeit.

Im Silent Room können die Mitarbeiter – ungestört liegend – mithilfe von medial vermittelten Entspannungsinstruktionen (autogenes Training, progressive Muskelentspannung, imaginative Verfahren, Atementspannung etc.), aber auch mithilfe von Musik zur Ruhe kommen.

In Apotheken, die mittags nicht schließen, lässt sich dieses Konzept hervorragend etablieren, da nicht alle Mitarbeiter zur gleichen Zeit Pause machen müssen. Und Mitarbeiter, die mittags nicht nach Hause fahren können, schätzen diese Form der Pausengestaltung erfahrungsgemäß ganz besonders.

Silent-Room mit doppeltem Nutzen?

Besteht ein Interesse an einem exklusiven Silent-Room-Konzept mit einer Wellnessliege und einer digitalen Massagefunktion, sind Ausstatter für Wellness- und Kosmetik-Kabinen (z. B. Cosmoderm oder Ionto-Comed) geeignete und erfahrene Ansprechpartner. Eine bewährte preiswerte Alternative für den Pausenraum ist natürlich eine ganz klassische Liege oder eine angenehme Couch, denn es geht in erster Linie um ein ungestörtes Abschalten und nicht um eine Luxus-Anwendung.

Gut ausgestattete Silent-Rooms können allerdings auch für andere Zwecke z. B. Kosmetiktage, Kosmetikanwendungen oder physiotherapeutische Angebote etc. genutzt werden.

Einige exemplarische Apps, die auch während der Pause im Silent-Room eingesetzt werden können, stellt die Tabelle 11 vor. Webseiten der Anbieter finden Sie im Serviceteil dieses Buches.

Anwendung	Beschreibung
Headspace-Smartphone-App für Berufstätige mit beruflichem Stress	45 Mediationseinheiten ohne Coach
Fit im Stress	Online-Training zur systematischen Problemlösung, zur Emotionsregulation, Entspannung und Selbstunterstützung
Mindance	Smartphone-App zur Reduzierung von Stress am Arbeitsplatz und zur Verbesserung des psychischen Wohlbefindens; achtwöchiges mentales und durch einen Algorithmus „maßgeschneidertes" Training
Blended Training nach Pracht und Kollegen	Training zur multimodalen Stressbewältigung (mental, instrumental, regenerativ); ein bis zwei Tage Präsenztraining und acht Wochen Online-Coaching

Tabelle 11: Beispiele für digitale Anwendungen im Bereich Stressmanagement

Vor- und Nachteile der digitalen Anwendungen

Digitale Anwendungen sind auch mit Gefahren verbunden, denn viele Tools, die Daten speichern, zeigen z. B. Mängel in Sachen Datenschutz. Problematisch sind mögliche gesundheitliche Risiken: Denn einige Anwendungen können z. B. zu Sehschwäche, psychischer Abhängigkeit oder Überforderung führen und die Gesundheit auch über Schadstoffe oder Strahlung belasten.

Allerdings sind die digitalen Anwendungen barrierefrei und arbeitsplatz- wie arbeitszeitunabhängig zugänglich. Sie bieten damit eine verhältnismäßig kostengünstige, attraktive und unkomplizierte Möglichkeit, BGM-Maßnahmen im Betrieb zu etablieren. Und wenn Sie darüber junge, gesunde Mitarbeiter für die Themen Prävention und Gesundheitsförderung sensibilisieren können, richten Sie sich auch noch nachhaltig auf die Zukunft aus.

Nutzung von Social-Media-Plattformen als BGM?

Virtuelle Kommunikation via soziale Netzwerke kann – Studien zufolge – die Folgen der psychischen Belastung im beruflichen Leben sehr effektiv abpuffern, ermöglicht den Blick nach Außen und bietet eine selbstgesteuerte Personalentwicklung an. Ein Austausch über soziale Netzwerke ist alltäglich, zeitgemäß und unkompliziert. Ein professioneller Auftritt der Mitarbeiter im Internet kann durchaus eine Werbung für das Unternehmen sein.

Im Rahmen der Personalentwicklung sollten deshalb die medialen Kompetenzen der Mitarbeiter gefördert werden. Apothekerkammern bieten bereits regelmäßig Seminare und Online Webinare zum Thema *Nutzung der sozialen Netzwerke und Netiquette* an. Auch solche Seminare und Fortbildungen eignen sich deshalb als Maßnahmen im Rahmen des betrieblichen Gesundheitsmanagements, denn sie tragen zum Ausbau der Selbstmanagementkompetenzen und der Soft Skills bei.

Gesundheitsmanagement als Leistung für Mitarbeiter und Kunden

Gesundheit- und Stressprävention bedeutet nicht nur Entspannung, bessere Arbeitsorganisation und der Rückgriff auf Ressourcen, sondern auch eine Erweiterung der Kompetenzen.

Bezüglich der Erstattungsfähigkeit der Stresspräventionsmaßnahmen sollten sich Apothekeninhaber an die Krankenkassen wenden, denn viele verhaltens- und verhältnispräventive Leistungen können im Rahmen der Betrieblichen Gesundheitsförderung nach § 20b SGB V von ihnen gefördert werden. Unabhängig davon, welche Maßnahme eingeführt wird, ausschlaggebend ist die Akzeptanz bei den Mitarbeitern. Maßnahmen, die nicht alltagstauglich sind und die den Mitarbeitern nicht sinnvoll erscheinen, werden von ihnen nicht angenommen.

Die hier vorgestellten Maßnahmen zur Stressprävention und Gesundheitsförderung sind Impulse und Ideen zur Etablierung des BGMs in den Apotheken. In erster Linie sollen sie zur Erhaltung der Gesundheit der Mitarbeiter dienen. Inwiefern und welche Dienstleistungen auch Kunden angeboten werden dürfen, muss im Einzelfall überprüft werden. In diesem Zusammenhang sind sämtliche steuerrechtliche und berufsrechtliche Vorgaben strikt zu beachten.

Leidenschaftlich,
optimistisch,
vertrauensvoll und
emotional?

Eine positive Einstellung zum Leben erlaubt uns trotz Schwierigkeiten, mehrfacher Belastung und enttäuschten Erwartungen immer wieder erneut aufzustehen. Im Stressmanagement hilft es wenig am Vergangenen zu haften, sich über Fehler zu ärgern, absolute Gerechtigkeit oder Dankbarkeit zu erwarten, verlorenes Vertrauen zu bedauern oder sich nach ruhigeren Zeiten in der Zukunft zu sehnen. Auch wenn es bisweilen schwer fällt: Betrachten Sie Ihre Vergangenheit im Rückspiegel, erfreuen Sie sich achtsam über den heutigen Tag und schauen Sie nach vorne! Schenken Sie Menschen, die Ihnen heute wertschätzend begegnen, Ihr Vertrauen und lassen Sie eine Entwicklung und Änderung zu. Stress ist erfahrungsgemäß das wichtigste Training der Widerstandsfähigkeit und unverzichtbar, um verschiedene Lebenslagen und unerwartete Ereignisse in Zukunft souverän zu meistern, anstatt an ihnen zu zerbrechen.

* Das Kapitel „Stressprävention in der Apotheke" basiert auf Beiträgen, die zuerst im „AWA – Aktueller Wirtschaftsdienst für Apotheker" erschienen sind. Abdruck mit freundlicher Genehmigung des Deutschen Apotheker Verlags, Stuttgart.

Serviceteil

Der Bundesverband Betriebliches Gesundheitsmanagement e. V. [BBGM] ist ein selbständiger und unabhängiger Fachverband. Der BBGM steht für alle Themen der betrieblichen Gesundheit mit dem Ziel der Stärkung, Erhaltung und Wiederherstellung der Gesundheit und Leistungsfähigkeit von Mitarbeitenden und Führungskräften durch Maßnahmen des betrieblichen Gesundheitsmanagements.
https://bbgm.de/

Auf der Webseite des **GKV- Spitzenverband**es werden Präventionsangebote der gesetzlichen Krankenkassen in den Handlungsfeldern Bewegung, Ernährung, Stressmanagement und Sucht vorgestellt. Die Kurse sind geprüft und entsprechen den Qualitätskriterien nach dem Leitfaden Prävention. Auf der Webseite unter dem Stichwort Versicherten-Service zu finden.
https://www.gkv-spitzenverband.de/service/versicherten_service/praeventionskurse/primaerpraeventionskurse.jsp

Das **Coachingportal** dient dazu, eine schnelle Orientierung bei der Suche nach Psychologen, Therapeuten, Beratern, Trainern und Coaches zu ermöglichen. Das Psychologenportal wird vom Berufsverband Deutscher Psychologinnen und Psychologen e. V. (BDP) und seiner Tochtergesellschaft Deutsche Psychologen Akademie GmbH (DPA) betrieben.
https://www.coachingportal.de/

Qualitätsgesicherte Anbieterinnen und **Anbieter von psychologischer Beratung im Internet** finden Sie auf den Seiten des Berufsverbandes Deutscher Psychologinnen und Psychologen. Die zertifizierten Anbieter verfügen über eine Hochschulausbildung in Psychologie, nachgewiesene Beratungskompetenz, sind auf ethische Grundsätze verpflichtet und erfüllen die weiteren Kriterien für die Vergabe des Gütezeichens.
https://www.bdp-verband.de/profession/zertifizierungen/anbieter-online-beratung/anbieter-psychologischer-online-beratung.html

Die **Deutsche Psychologen Akademie** ist der führende Fort- und Weiterbildungsanbieter im Bereich der angewandten Psychologie in Deutschland. In Zusammenarbeit mit renommierten Universitätsinstituten, Fachgesellschaften, praxiserfahrenen Dozenten und spezialisierten Praktikern entwickelt die Deutsche Psychologen Akademie **anspruchsvolle Bildungsangebote im Bereich Psychologie** auf höchstem Niveau. Themenbereiche sind u. a. Burnout, Stress, Resilienz und Führungskräftetraining.
https://www.psychologenakademie.de/

Das **Kompetenzzentrum Fachkräftesicherung (KOFA)** ist ein Projekt des Instituts der deutschen Wirtschaft Köln und wird gefördert durch das Bundesministerium für Wirtschaft und Energie. Das KOFA unterstützt Unternehmen dabei, Fachkräfte zu finden, zu binden und zu qualifizieren und berät auch bei Fragen zum Thema **„Vereinbarkeit von Familie und Beruf“**
https://www.kofa.de/

Die **Berufsgenossenschaft für Gesundheitsdienst und Wohlfahrtspflege** (BGW), ist die gesetzliche Unfallversicherung für nicht-staatliche Einrichtungen im Gesundheitsdienst und in der Wohlfahrtspflege. Auf der Webseite finden Sie Tools zur Durchführung einer **Online-Gefährdungsbeurteilung für Apotheken.**
https://www.bgw-online.de

Psychische Gefährdungsbeurteilung mit COPSOQ (Copenhagen Psychosocial Questionnaire). Dieser Fragebogen ist wissenschaftlich validiert und wird zur Erfassung psychischer Belastungen und Beanspruchungen bei der Arbeit eingesetzt und kann auch branchenspezifisch angepasst werden.
https://www.copsoq.de

Eine **Smartphone-App** für Berufstätige mit beruflichem Stress; 45 Mediationseinheiten ohne Coach
https://www.headspace.com/de/science

Das evidenzbasierte Training von addisca ist ein innovatives **psychologisches Mentaltraining**, das mit metakognitiven Techniken, die einfach zu erlernen sind, effizienteres Denken und Handeln fördert und damit psychische Belastungen verringert und die Leistungsfähigkeit steigert.
https://www.addisca.org/

Online Training „Fit im Stress" Systematisches Problemlösen, Emotionsregulation, Entspannung und Selbstunterstützung.
https://geton-institut.de/training/fit-im-stress/

Eine **Smartphone-App** „Mindance" die darauf ausgerichtet ist, Stress am Arbeitsplatz zu reduzieren und das psychische Wohlbefinden zu verbessern; 8-wöchiges mentales (und durch einen Algorithmus „maßgeschneidertes") Training
https://www.mindance.de/

Online- & Präsenztraining: Multimodale Stressbewältigung (mental, instrumentell, regenerativ) – 1 bis 2 Tage Präsenztraining + 8 Wochen Online-Coaching
https://www.pracht-und-kollegen.de/online-coaching-beratung-stressbewaeltigung/blended-training-stressbewaeltigung.html

Die Liste erhebt keinen Anspruch auf Vollständigkeit.

Quellenverzeichnis

[1] ABDA – Bundesvereinigung Deutscher Apothekerverbände (2021): https://www.abda.de/apotheke-in-deutschland/berufsbilder/pka/ (Abrufdatum: 19.1.2021)

[2] Artmann, Thomas (2019): Betriebliches Gesundheitsmanagement – Neue Erfolgsstrategien für Unternehmen. Freiburg/Breisgau: Haufe-Lexware GmbH.

[3] Asendorpf, Jens (2015): Persönlichkeitspsychologie für Bachelor. 3., aktualisierte Auflage. Berlin: Springer-Verlag GmbH.

[4] Auth, A.; Preiser, S.; Buttkewitz, S. (2003): Viele Wege führen aus der Sackgasse. Lebensenttäuschungen durch Nicht-Ereignisse – Eine Chance zur persönlichen Entwicklung? In: Report Psychologie 2003 (10), S. 584–593.

[5] Badura, B. et al. (Hrsg.) (2019): Fehlzeiten-Report 2019. Berlin: Springer-Verlag.

[6] Baethge, Anja; Rigotti, Thomas; Freude, Gabriele (2019): Arbeitsunterbrechungen und Multitasking täglich meistern. 2. Auflage. Dortmund: BAuA (baua: Praxis).

[7] Beelmann, Andreas; Jonas, Kai J. (2009): Diskriminierung und Toleranz. Psychologische Grundlagen und Anwendungsperspektiven. Wiesbaden: VS Verl. für Sozialwissenschaften.

[8] Berufsgenossenschaft für Gesundheitsdienst und Wohlfahrtspflege (Hrsg.) (2018): Psychische Gesundheit im Fokus. Hamburg, Stand: 4/2018.

[9] Borris-Dunchunstang, Eileen R. (2007): Verzeihen. Die sieben Stufen zur Vergebung. München, Zürich: Pendo-Verlag.

[10] Csikszentmihalyi, Mihaly (2017): Flow. Das Geheimnis des Glücks. Stuttgart: Klett-Cotta.

[11] Davidson, Oranit B.; Eden, Dov; Westman, Mina; Cohen-Charash, Yochi; Hammer, Leslie B.; Kluger, Avraham N. et al. (2010): Sabbatical leave: who gains and how much? In: The Journal of applied psychology 95 (5), S. 953–964.

[12] Dikta, T. (2017): Psychische Belastung in der Apotheke (Teil 2): Handlungsmaßnahmen bei Gefährdung. In: AWA – Aktueller Wirtschaftsdienst für Apotheker, 20/2017.

[13] Dikta, T. (2017): Psychische Belastung in der Apotheke (Teil 1): Beurteilung der Gefährdung. In: AWA – Aktueller Wirtschaftsdienst für Apotheker, 19/2017.

[14] Dikta, T. (2020): Betriebliches Gesundheitsmanagement (BGM) für Ihre Apotheke (Teil 1). Warum Ihnen BGM einen doppelten Benefit bringt. In: AWA – Aktueller Wirtschaftsdienst für Apotheker, 06/2020. *

[15] Dikta, T. (2020): Betriebliches Gesundheitsmanagement (BGM) für Ihre Apotheke (Teil 2). Wie Sie die Belastung Ihrer Mitarbeiter diagnostizieren (lassen) können. In: AWA – Aktueller Wirtschaftsdienst für Apotheker, 09/2020. *

[16] Dikta, T. (2020): Betriebliches Gesundheitsmanagement (BGM) für Ihre Apotheke (Teil 3). Welche klassischen Maßnahmen relevant sind. In: AWA – Aktueller Wirtschaftsdienst für Apotheker, 12/2020. *

[17] Dikta, T. (2020): Betriebliches Gesundheitsmanagement (BGM) für Ihre Apotheke (Teil 4). Welche digitalen BGM-Tools es gibt. In: AWA – Aktueller Wirtschaftsdienst für Apotheker, 16/2020. *

[18] Dikta, T: Arbeit oder Privatleben: Warum die Grenzen verschwimmen dürfen. In: AWA – Aktueller Wirtschaftsdienst für Apotheker, 23/2018.

[19] Dikta, T. Giermann, F. (2021). Apotheken nach der Krise. In: D. Matusiewicz et al. Rethink Healtcare. MWV: Heidelberg.

[20] Dutton, J. E.; Hephy, E. D. (2003): The Power of High Quality Connections. In: Cameron, K. S. et al. (Hrsg.): Positive Organizational Scholarship. San Francisco/CA: Berrett-Koehler Publishers, S. 263–278.

[21] Einsle, Franziska; Hummel, Katrin V. (2015): Kognitive Umstrukturierung. Techniken der Verhaltenstherapie: mit E-Book inside und Arbeitsmaterial. Weinheim: Beltz Verlag.

[22] Filipp, Sigrun-Heide; Aymanns, Peter (2018): Kritische Lebensereignisse und Lebenskrisen. Vom Umgang mit den Schattenseiten des Lebens. 2., aktualisierte Auflage. Stuttgart: Verlag W. Kohlhammer.

[23] Fredrickson, B. L. (2001): The role of positive emotions in positive psychology. The broaden-and-build theory of positive emotions. In: The American psychologist 56 (3), S. 218–226.

[24] Harrison, R. V. (1978): Person-environment fit and job stress. In: Cooper, C. L. and Payne, R. (Eds): Stress at Work. New York: Wiley, S. 175–205.

[25] Hillert, A. (2017): Coaching und Psychotherapie: Unklare Grenzen. In: Wirtschaftspsychologie aktuell. 2/2017, S. 53–56.

[26] Hoefert, Hans-Wolfgang; Brähler, Elmar; Eichenberg, Christiane (Hrsg.) (2017): Selbstbehandlung und Selbstmedikation. Hogrefe-Verlag. Göttingen: Hogrefe (Organisation und Medizin, Band 19).

[27] Hofmann, F.; Reschauer, G.; Stößel, U. (Hrsg.) (2018): Arbeitsmedizin im Gesundheitsdienst. Tagungsband 31. Untersuchungen, Maßnahmen (S. 213–260). Bern: Huber.

[28] Holm-Hadulla, Rainer Matthias (2019): Leidenschaft: Goethes Weg zur Kreativität. Eine Psychobiographie. 3., vollständig überarbeitete und ergänzte Auflage. Göttingen: Vandenhoeck & Ruprecht.

[29] Kaluza, Gert (2011): Stressbewältigung. Trainingsmanual zur psychologischen Gesundheitsförderung. 2. Aufl. Berlin, Heidelberg: Springer-Verlag.

[30] Kanning, U. P. (2017): 50 Strategien, die falschen Mitarbeiter zu finden ... und wie Sie es besser machen können. Weinheim: Beltz Verlag.

[31] Karasek, R.; Throell, T. (1990): Haelthy work: Stress, productivity, and the reconstruction of working life. New York, NY: Basic Books.

[32] Kauffeld, Simone (Hrsg.) (2019): Arbeits-, Organisations- und Personalpsychologie für Bachelor. Mit 42 Tabellen. 3. Auflage. Berlin: Springer-Verlag.

[33] Kraske, Michael (2018): Die Kunst der Zuversicht. In: Psychologie heute, 04/2018, S. 18–23.

[34] Köttendorf, N.; Richter, G. (2017): Alle in eine Schublade? Altersstereotype erkennen und überwinden. Berlin: Initiative Neue Qualität der Arbeit.

[35] Lang-von Wins, Thomas; Triebel, Claas (2012): Karriereberatung. Coachingmethoden für eine kompetenzorientierte Laufbahnberatung. 2., aktualisierte und erweiterte Auflage. Berlin: Springer-Verlag.

[36] Lazarus, R. S.; Launier, R. (1981): Stressbezogene Transaktionen zwischen Personen und Umwelt. In: J. R. Nitsch (Hrsg.). Stress: Theorien, Untersuchungen, Maßnahmen. Bern, Stuttgart, Wien: Huber.

[37] Leipold, B.; Loidl, B. (2017): Den Krisen zum Trotz: Entwicklungsperspektive der Resilienz. In: Report Psychologie 2017 (1), S. 10–18.

[38] Lincke, H.-J.; Lindner, A.; Nolle, I.; Vomstein, M.; Haug, A.; Kranich, J.; Nübling, M. (2017): Was machen physische Arbeitsbelastungen in der psychischen Gefährdungsbeurteilung? In: Berufsgenossenschaft für Gesundheitsdienst und Wohlfahrtspflege (Hrsg.): Psychische Gesundheit im Fokus. Hamburg, Stand: 4/2017. Empirische Befunde mit dem COPSOQ des Freiburger Symposiums Arbeitsmedizin im Gesundheitsdienst. Edition FFAS, Freiburg, S. 203–218.

[39] Lohaus, D.; Rietz, C. (2015): Arbeitgeberattraktivität. Der Stellenwert von Bekanntheit und Labels in der frühen Rekrutierungsphase. In: Zeitschrift für Arbeits- und Organisationspsychologie, 2015; 59:70–84.

[40] Matusiewicz, D. (2018): Management im Gesundheitswesen für Dummies. Weinheim: Wiley-VCH.

[41] Matusiewicz, D., Kaiser, L. (Hrsg.) (2018): Digitales Betriebliches Gesundheitsmanagement. Wiesbaden: Springer-Verlag.

[42] Mayrhofer, Barbara; Knöll, Kristian (2020): Stress als Chance: Mit Prüfungsangst umgehen. In: Pflegez. 73 (4), S. 44–47.

[43] Mckee, A. (2018): How To Be Happy At Work- The Power of Purpose, Hope and Friendships. Harvard Business Review Press.

[44] Meier, Laurenz L.; Cho, Eunae; Dumani, Soner (2016): The effect of positive work reflection during leisure time on affective well-being. Results from three diary studies. In: J. Organiz. Behav. 37 (2), S. 255–278. DOI: 10.1002/job.2039.

[45] Nattler, S. (2020): Homeoffice in der Apotheke – geht das? In: AWA – Aktueller Wirtschaftsdienst für Apotheker, 10/2020.

[46] Negri, Christoph (Hrsg.) (2018): Psychologie des Unternehmertums. Von der Gründung bis Zur Nachfolgeregelung. Berlin, Heidelberg: Springer-Verlag.

[47] Nerdinger, Friedemann W. (2011): Psychologie der Dienstleistung. Göttingen: Hogrefe.

[48] Nerdinger, Friedemann W.; Blickle, Gerhard; Schaper, Niclas (2019): Arbeits- und Organisationspsychologie. 4. Aufl. 2019. Berlin, Heidelberg: Springer-Verlag.

[49] Oppezzo, Marily; Schwartz, Daniel L. (2014): Give your ideas some legs. The positive effect of walking on creative thinking. In: Journal of experimental psychology. Learning, memory, and cognition 40 (4), S. 1142–1152.

[50] Osincup, Paul (2020): How to Use Humor in Clinical Settings. In: AMA journal of ethics 22 (7), E588-595. DOI: 10.1001/amajethics.2020.588.

[51] Oxford handbook of happiness (S. 733–750). Oxford: Oxford University.

[52] Paridon, H.; Lazar, N. (2016): IGA-Report 34. Regeneration, Erholung, Pausengestaltung – alte Rezepte für moderne Arbeitswelten. Dresden: Zukunft der Arbeit GmbH.

[53] Parpart, J. (2016): Psychische Belastungen am Arbeitsplatz. In: Psychotherapeut 4/2016, S. 345–360.

[54] Peters, Uwe (2020): What Is the Function of Confirmation Bias? In: Erkenn. DOI: 10.1007/s10670-020-00252-1.
[55] Proyer, René T.; Tandler, Nancy; Brauer, Kay (2019): Playfulness and Creativity. In: John Baer, James C. Kaufman und Sarah R. Luria (Hrsg.): Creativity and humor. London, San Diego, United States: Academic Press (Explorations in creativity research), S. 43–60.
[56] Reh, S.; Tröster, C.; Van Quaquebeke, N. (2018): Keeping (Future) Rivals Down: Journal of Applied Psychology, 103 (4), S. 399–415.
[57] Reinecker, H.; Gattinger, E. (1992): Fehlattribution und Erregungstransfer: Eine Studie zur Induktion und Intensivierung von Emotionen. In: Verhaltenstherapie 2 (1), S. 6–12.
[58] Rensing, Ludger (2006): Mensch im Stress. Psyche, Körper, Moleküle. München: Elsevier Spektrum Akad. Verl.
[59] Rohde, Sven (2018). Noch einmal Neues lernen. In: Psychologie heute, 04/2018, S. 28–32.
[60] Rotter, Julian B. (1980): Interpersonal trust, trustworthiness, and gullibility. In: The American psychologist 35 (1), S. 1–7.
[61] Scherenberg, Viviane (2014): Über- und Unterforderung am Arbeitsplatz: Burn- und Boreout. In: Public Health Forum 22 (1). DOI: 10.1016/j.phf.2013.12.023.
[62] Schönberger, Birgit (2018). Optimistischer werden – warum eigentlich? In: Psychologie heute, 04/2018. S. 24–27.
[63] Schreiber, Birgit (2014). Das Schreiben für sich entdecken. In: Psychologie heute, Dossier-Schreiben, 2020.
[64] Sharman, Leah S.; Dingle, Genevieve A.; Vingerhoets, Ad J. J. M.; Vanman, Eric J. (2020): Using crying to cope: Physiological responses to stress following tears of sadness. In: Emotion (Washington, D.C.) 20 (7), S. 1279–1291. DOI: 10.1037/emo0000633.
[65] Siegrist, J. (1996): Soziale Krisen und Gesundheit: Eine Theorie der Gesundheitsförderung am Beispiel von Herz-Kreislauf-Risiken im Erwerbsleben. Reihe Gesundheitspsychologie: Bd. 5. Göttingen: Hogrefe.
[66] Tempel, J., Ilmarinen, J. (2013): Arbeitsleben 2025 – Das Haus der Arbeitsfähigkeit in Unternehmen bauen. Hamburg: VSA-Verlag.
[67] Thoma, Myriam V.; La Marca, Roberto; Brönnimann, Rebecca; Finkel, Linda; Ehlert, Ulrike; Nater, Urs M. (2013): The effect of music on the human stress response. In: PloS one 8 (8), e70156. DOI: 10.1371/journal.pone.0070156.
[68] Treier, M. (2015): Gefährdungsbeurteilung psychischer Belastungen. Wiesbaden: Springer-Verlag.
[69] Utz, Sonja (2016): Wie social media den beruflichen Wissensaustausch fördern können. In: Psychologische Rundschau 67 (2), S. 118–124.
[70] Vingerhoets, Ad J. J. M. (2009): Weinen. In: Psychotherapeut 54 (2), S. 90–100. DOI: 10.1007/s00278-009-0655-9.
[71] Warr, P. (2013): Jobs and job holders: Two sources of happiness and Unhappiness. In: K. Cameron and A. Caza (Hrsg.): Happiness and Organizations. Oxford University Press.

[72] Werth, Lioba; Mayer, Jennifer; Seibt, Beate (2020): Sozialpsychologie: Der Mensch in sozialen Beziehungen. Interpersonale und Intergruppenprozesse. 2., vollständig überarbeitete und erweiterte Auflage. Berlin, Heidelberg: Springer-Verlag.

[73] Dikta, T. (2018). Eine bunte Mischung: Warum Sie von Vielfalt im Betrieb profitieren. In: AWA – Aktueller Wirtschaftsdienst für Apotheker, 20/2018. *

[74] Dikta, T. (2019): Neue Mitarbeiter willkommen heißen: Tipps für eine strukturierte Einarbeitung. In: AWA-Aktueller Wirtschaftsdienst für Apotheker, 13/2019. *

[75] Dikta, T. (2019): Wenn Mitarbeiter Chefs und Kollegen hinters Licht führen: Wie Sie kontraproduktives Verhalten verhindern. In: AWA – Aktueller Wirtschaftsdienst für Apotheker, 10/2019. *

[76] Heckhausen, Heinz (1989): Motivation und Handeln. Zweite, völlig überarbeitete und ergänzte Auflage. Berlin, Heidelberg: Springer-Verlag.

[77] Techniker Krankenkasse (Hrsg.) (2017): Stress – Belastungen besser bewältigen. https://www.tk.de/resource/blob/2023234/5535b9478a9be8fcabb0a1c6ea7f677e/tk-broschuere-stress-data.pdf . (Abrufdatum 19.1.2021)

[78] DGB Deutscher Gewerkschaftsbund (2014): „Teilzeit als Option der Lebenslaufgestaltung". Broschüre des Das DGB-Projekt „Vereinbarkeit von Familie und Beruf gestalten!". Zum Download unter: https://vereinbarkeit.dgb.de/wissen-kompakt/unsere-materialien. (Abrufdatum 17.01.2021)

* Das Kapitel „Stressprävention in der Apotheke" basiert auf Beiträgen, die zuerst im „AWA – Aktueller Wirtschaftsdienst für Apotheker" erschienen sind. Abdruck mit freundlicher Genehmigung des Deutschen Apotheker Verlags, Stuttgart.

Stichwortverzeichnis